Lina Loos

DAS BUCH OHNE TITEL

LINA LOOS

DAS BUCH OHNE TITEL

Erlebte Geschichten

Herausgegeben von Adolf Opel
und Herbert Schimek

1986

HERMANN BÖHLAUS NACHF. WIEN · KÖLN · GRAZ

CIP-Kurztitelaufnahme der Deutschen Bibliothek

Loos, Lina:

Das Buch ohne Titel : erlebte Geschichten / Lina Loos. Hrsg. von Adolf Opel u. Herbert Schimek. – Wien ; Köln ; Graz : Böhlau, 1986.
 ISBN 3-205-05000-2

Alle Rechte vorbehalten
ISBN 3-205-05000-2
Copyright © 1986 by
Hermann Böhlaus Nachf. Gesellschaft m. b. H., Graz · Wien
Gesamtherstellung: E. Becvar, A-1150 Wien

INHALT

Einleitung 7
Erstdrucke der in diesem Buch
    gesammelten Texte 19

Familiengeschichten 27
Sieveringer Geschichten 96
Theatergeschichten 151
Freunde 194
Eine Frau, die schreibt, was sie will . . . 226

Dokumentarischer Anhang 255

EINLEITUNG

Am 14. August 1904 wurde im „Neuen Wiener Tagblatt" der „Brief einer Dame" an ihren Gatten veröffentlicht, in dem – ein also schon damals höchst aktuelles Thema! – anläßlich des Fällens eines historischen Baumes irgendwo in England mit jenen allzeit bereiten „Kulturvandalen" abgerechnet wird, die (aus oft recht handfesten Motiven) einer Renovierungs- und „Verschönerungs"-Sucht frönen, die Steinquader wie Ziegel anmalen oder Ziegel wie Marmor – die also allen Dingen, „die einer festen, sicheren Kultur entsprießen ... den Stempel unserer unsicheren Parvenuezeit daraufdrücken". Der Adressat dieser leidenschaftlichen Polemik ganz im Looschen Sinne war *Adolf Loos*, der zeitlebens für Materialechtheit und gegen das überflüssige Ornament aufgetreten war und der diesen Brief seiner jungen Frau der Öffentlichkeit nicht vorenthalten wollte. Es war dies – von ihr selbst vielleicht gar nicht geplant – das schriftstellerische Debut von Karoline Loos, die im Laufe der folgenden Jahre als *Lina Loos* so etwas wie eine Wiener Institution werden sollte, obwohl sie nie – wie etwa Berta Zuckerkandl oder Alma Mahler-Werfel (mit denen sie heute manchmal von mit den Tatsachen nicht vertrauten Publizisten in einem Atem genannt wird) – einen eigenen „Salon" geführt hatte. Dies wäre ihr schon aus pekuniären Gründen kaum je möglich gewesen...

Eine Wiener Institution waren bereits Linas Eltern Carl und Caroline Obertimpfler, die seit 1897 das Café „Casa Piccola" in der Mariahilferstraße (heute ein Schuhgeschäft) geführt und zu einem beliebten Treffpunkt für Künstler und Bohemiens gemacht hatten. Der Reiz eines solchen Milieus und des Unbürgerlichen wirkte sich offenbar auf die Kinder der durchaus bürgerlich denkenden Obertimpflers aus: der Bruder – von den Eltern zunächst in eine Schlosserlehre gesteckt – wurde ein bekannter Schauspieler: *Carl Forest* – so sein Künstlername – kam schon in jungen Jahren zu Otto Brahm an das Lessingtheater in Berlin und entwickelte sich zu einem gefragten Ibsen- und Hauptmann-Darsteller; ab 1917 gehörte er zum Ensemble des Deutschen Volkstheaters in Wien. Die ältere Schwester *Helene Dülberg*, scheinbar glücklich verheiratet, konnte Erfolge als Schriftstellerin verzeichnen und war in den Wiener Literatenmilieus daheim; 1908 verließ sie plötzlich und unerwartet Mann und Familie und galt von da an als verschollen. Suchaufrufe in den Zeitungen blieben ohne Echo; man nimmt an, daß sie sich in der Donau ertränkt hat, und zwanzig Jahre später wurde sie durch einen Gerichtsbeschluß amtlich für tot erklärt. Lina Loos hatte in ihrer Wohnung ein Porträt der „Unbekannten aus der Seine", das sie an das Schicksal ihrer alle Konventionen abstreifenden Schwester erinnert haben mag.

Auch der am 9. Oktober 1882 in Wien geborenen Karoline Obertimpfler war es nicht bestimmt, in Ehe, Familie und bürgerlicher Geborgenheit ihr Glück zu finden. In DAS BUCH OHNE TITEL schildert sie, wie sie durch ihre Schwester beim Peter-Altenberg-Stammtisch eingeführt wurde und auf welch ungewöhnliche Weise es zum spontanen Heiratsantrag des um zwölf Jahre älteren Architekten Adolf Loos kam. Zu jener Zeit hatte Loos bereits durch sein revolutionäres „Café Museum" (1897) und durch seine Artikelserie anläßlich der Kaiser-Jubiläums-Ausstellung 1898 in der „Neuen Freien Presse" Furore gemacht und begeisterte Anhänger gefunden. Die Folgeaufträge blieben allerdings rar, und die wirtschaftliche Lage Loos' war nicht die beste. Trotzdem kam es – gegen den anfänglichen Widerstand von Linas wohlhabenden Eltern – am 21. Juli 1902 zur Eheschließung. Die Obertimpflers ermöglichten dem jungen Paar die Einrichtung einer eigenen Wohnung (sie ist heute teilweise im Historischen Museum der Stadt Wien ausgestellt) und halfen immer wieder mit Bargeld aus. Trotzdem gehörten unbezahlte Rechnungen und Besuche des Gerichtsvollziehers ebenso zur Tagesordnung des recht unbürgerlichen Ehepaares wie peinliche Situationen in den von Loos bevorzugten eleganten Lokalen, wenn er dem Kellner erklären mußte, die betreffende Rechnung nicht bezahlen zu können, und Linas Vater geholt wurde, um die beiden auszulösen.

Lina gab später an, daß es vor allem Adolf Loos' Sorglosigkeit in finanziellen Dingen war, die zum Scheitern dieser Ehe führen mußte. Was sie nicht angab: daß ihre Beziehung zu dem 19jährigen Medizinstudenten Heinz Lang – dessen Familie zu dem Kreis von Loos' Freunden und Auftraggebern zählte – von dem sich stets antibürgerlich gebärdenden Loos keineswegs stillschweigend hingenommen wurde. Die Affäre endete am 27. August 1904 in einem Eklat, als sich Lina gerade zur Kur in Vevey befand: Lang erschoß sich in England, unmittelbar nachdem er einen Brief von Lina Loos erhalten hatte, die er dort erwarten wollte. Die Zeitungen griffen den Fall auf, zwar ohne Namensnennung – aber die Wiener Gesellschaft wußte nur allzugut Bescheid. Arthur Schnitzler hat die Hauptpersonen dieses Dramas – Lang, Lina, Loos und Altenberg – in seinem Stück „Das Wort" kaum verschlüsselt nachgezeichnet.

Als Adolf Loos den anfangs zitierten Brief seiner Frau der Zeitung zur Veröffentlichung übergab, war das frühe Ende dieser Ehe also bereits in greifbarer Nähe. War die Publizierung dieses Schreibens – das Loos so begeistert hatte, daß er in einem Antwortbrief seiner Frau attestierte: „Ich schreibe mit Galle. Aber Du schreibst mit Herzblut!" – als Botschaft an die in der Schweiz weilende Lina gedacht, die er trotz allem zu halten hoffte?

Wie dem auch sei: Lina entschloß sich, Abstand zu gewinnen und ihren eigenen Weg zu gehen. Wie so viele vor und nach ihr wollte sie ihr Glück in der Neuen Welt versuchen. Am 18. Jänner 1905 schiffte sie sich in Genua auf der S. S. „Deutschland" der Hamburg-Amerika-Linie ein. An Bord erwartete sie eine Glückwunschnote von Laura Beer, einer anderen Selbstmordkandidatin (siehe: „Der Selbstmord der Themis", in DIE FAKKEL, Nr. 200, 3. April 1906): „Best wishes! Viele Erfahrungen! Möglichst wenig Enttäuschungen!"

Der Schriftsteller Franz Theodor Csokor, Lina Loos' lebenslanger Freund und Bewunderer, gibt an, daß sie nach ihrer Ankunft in New York zunächst in einem Schneideratelier gearbeitet habe, um den Lebensunterhalt zu verdienen; dort sei sie von dem Impressario Conried entdeckt und engagiert worden. Wahrscheinlicher ist jedoch, daß sie – die in Wien das Konservatorium besucht hatte – den Vertrag für Amerika bereits in der Tasche hatte. Denn bereits am 15. 3. 1905 debütierte sie in New Haven, Conn., als „Luise" in Schillers „Kabale und Liebe" – unter dem Pseudonym *Carry Lind*. Linas Aufenthalt in den USA war allzu kurz und dürfte in ihr kaum Spuren hinterlassen haben – im Gegensatz zu Adolf Loos' prägendem Amerika-Erlebnis zehn Jahre davor. (Loos in einem Brief an Lina aus dem Jahre 1904: „Aber Amerika, wo ich auch entsetzlich gelitten habe, hat mir die Erkenntnis gebracht, wer ich bin, mich also erst lebensfähig gemacht...")

Am 19. Juni 1905 wurden Adolf und Lina Loos „von Tisch und Bett" geschieden.

Bereits in der zweiten Jahreshälfte 1905 finden wir „Carry Lind" am Cur-Theater in Norderney, von dort geht sie nach Berlin, wo ihr Bruder Carl Forest engagiert ist. Vom Februar bis Mai 1906 hält sie sich als *Carolina Lind* oder *Lina Lind* in St. Petersburg auf. Als *Lina Vetter* ist sie im Oktober 1907 bei der Eröffnung des von der Wiener Werkstätte eingerichteten Kabaretts „Fledermaus" dabei und feiert in einem ihr neuen Genre Triumphe. Der mit ihr befreundete Peter Altenberg schreibt darüber: „Lina Vetter trägt mit Walzerbegleitung das Kabarettlied von Peter Altenberg vor. In einer originellen weißseidenen Toilette mit durchzogenen orangefarbenen Bändern bringt sie mit ihrem berückenden Gesicherl und den hechtgrauen großen Augen die Stimmung einer ungezogenen Kokotte, die glaubt, das Leben sei zum Tändeln vorhanden und zum Aufreizen von unglücklichen Trotteln, fast genial zum Ausdruck." Weniger hymnisch geht der Rezensent des „Deutschen Volksblattes" mit der von P. A. angehimmelten Diseuse um: „Nur der widerliche Eindruck perverser Lasterhaftigkeit sei hervorgehoben, den man gewinnt, wenn man es erlebt, daß ein blondes, junges Mädchen mit treuherzigen Blauaugen Geschichten rezitiert, die in schmutzigen Prostituiertenpointen enden..."

In den Jahren darauf gastiert sie mit der Wiener

„Fledermaus" im Ausland, spielt neben Egon Friedell in dessen „Goethe"-Sketch und ändert ihren Schauspielernamen zu *Caroline* und schließlich zu *Lina Loos*. 1910 ist sie neben Friedell, Roda-Roda und Claire Waldoff einer der Stars des Berliner „Linden-Cabarets" im „Passage-Theater". Das unstete Leben der fahrenden Schauspielerin und Sängerin mit wechselnden Engagements dauert bis zum Ausbruch des Ersten Weltkriegs. 1915 finden wir Lina Loos lungenkrank in Davos.

Noch bevor der Krieg zu Ende geht, verliert der Cafétier Obertimpfler sein Vermögen und muß das „Casa Piccola" verkaufen. Damit verlieren Lina Loos und ihr Bruder den finanziellen Rückhalt von zu Hause, der ihnen bisher so manche Eskapade ermöglicht hatte. So sucht auch Lina in Wien ein festes Engagement und kommt schließlich, wie vor ihr schon Carl Forest, am Deutschen Volkstheater unter, dessen Mitglied sie 1921 wird. 1931 wechselt sie zur ebenfalls von Dr. Rudolf Beer geleiteten Scala. Selten hat eine Schauspielerin weniger Ehrgeiz und Eitelkeit gezeigt als Lina Loos: nie macht sie ihren Kolleginnen die großen Rollen streitig, sie gibt sich mit den kleinen zufrieden – auch beim Film –, gestaltet sie mit Meisterschaft und ist froh, wenn sie überhaupt nicht spielen muß. 1938, nach dem „Anschluß", zieht sie sich ganz von der Bühne zurück.

Immer intensiver wandte sich Lina Loos ihrem Hauptinteresse zu, der Schriftstellerei und dem Journalismus. Ab 1919 erschienen mit zunehmender Häufigkeit ihre Beiträge in der „Wiener Woche", im „Maßstab", in der „Arbeiter-Zeitung", dem „Prager Tagblatt" und in „Die Dame": Aphorismen, Gedichte, Kurzgeschichten und Feuilletons. Am 8. März 1921 wurde ihr erstes Theaterstück „Mutter" am Deutschen Volkstheater in Wien uraufgeführt; zu diesem Anlaß schrieb sie eine autobiographische Skizze, die ihren Entwicklungs- und Emanzipationsprozeß deutlich macht:

Verfall

I. Ich bin einige Zeit – wenn auch irrtümlich – die Freundin des Dichters Peter Altenberg und die Frau des Architekten Adolf Loos gewesen. – Ich bin die Schwägerin der Hofschauspielerin Traute Carlsen. – Mein Bruder Carl Forest ist Präsident des Bühnenvereins. – Meine Eltern besitzen eines der bestgehenden Kaffeehäuser von Wien. Ich bin eine geachtete Persönlichkeit, halte mich unbedingt für lebensberechtigt!!

II. Traute Carlsen ist nicht mehr meine Schwägerin. – Mein Bruder ist nicht mehr Präsident. – Meine Eltern haben das Kaffeehaus verkauft. Man betrachtet mich mißtrauisch!!

III. Es bleibt mir nichts anderes übrig, als produzierend mich selbst zu beweisen.

IV. Ich habe ein einaktiges Stück „Mutter" geschrieben. – Trotz meiner Beziehungen wurde es vom „Deutschen Volkstheater" angenommen – und aufgeführt!!

V. Es grüßt mich niemand mehr – –

Obwohl das Stück Erfolg hat und gut rezensiert wird („... eine kurze, jäh und wirr auf- und abflackernde Fiebervision, geboren aus Leid und inbrünstiger Muttersehnsucht, was ja im Grunde genommen eines ist... Trieb, Drang, Zärtlichkeitsbedürfnis und Kummer, viel Kummer...", Neues Wiener Tagblatt) erblickt keine der folgenden Theaterarbeiten Lina Loos' je das Licht der Bühne. Auch nicht die interessanteste davon, das Schlüsselstück „Wie man wird, was man ist", das den unglücklichen Verlauf ihrer Ehe mit Loos schildert und zugleich ein fast klinisches Psychogramm des genialen, auch in der privaten Sphäre dominierenden und keinerlei Widerspruch duldenden Mannes bietet. Nicht einmal dem engsten Freundeskreis war die Existenz dieses Theaterstücks von Lina Loos bekannt, das erst im Nachlaß gefunden wurde.

Ab Jänner 1927 wurden die Beiträge von Lina Loos im Feuilleton-Teil der „Wochenausgabe" des „Neuen Wiener Tagblattes" zur ständigen Einrichtung: Geschichten aus ihrer Familie, aus ihrem prominenten Freundes- und Kollegenkreis, Geschichten über Altenberg, Friedell, Loos, Csokor, aber auch über einfache

Leute aus ihrem geliebten Sievering, Skizzen und Novelletten über seltsame Begebenheiten des Alltags, Erlebnisse mit Tieren oder Anekdotisches aus der Theaterwelt. Liebende Beobachtung, ironische Distanz, Geist und weibliche Anmut mit einem Anflug leiser Koketterie zeichnen diese zarten Sprachgebilde aus, die scheinbar an der gefälligen Oberfläche der Dinge dahingleiten und dabei doch immer wieder in die Tiefe dringen. „Da weht unerwartet ein Wind wie aus irgend einer Kindheit und er ist so echt, daß man vergißt, daß diese Kindheit, die aufleuchtet, nicht die eigene ist", schrieb der Kritiker Fritz Koselka über die Geschichten von Lina Loos und attestierte der Autorin, ein „weiblicher Altenberg" zu sein. Im Jänner 1943 ist das letzte der Feuilletons von Lina Loos in der „Wochenausgabe N. W. T." erschienen, mitten im zweiten Weltkrieg, dessen grausige und unmenschliche Realität auch die Stimme der Menschlichkeit einer Lina Loos, die sich im Alltag, im scheinbar Kleinen, ganz ohne jedes Pathos bewähren muß, verstummen ließ.

„Das Buch ohne Titel" – Lina Loos' einzige Buchveröffentlichung zu Lebzeiten (ausgenommen die Buchausgabe ihres Stückes „Mutter", 1921 im Wiener Gloriette-Verlag gedruckt) – kam 1947 heraus und ist zum größten Teil eine Sammlung jener in der Vorkriegszeit geschriebenen und in Zeitungen bereits publizierten Feuilletons. Schon der Titel ließ aufhorchen, und der Erfolg dieses Buches – dessen Beschwingtheit und Unbeschwertsein gerade in der Dürftigkeit der ersten Nachkriegsjahre vor dem Leser im Rückblick als paradiesisch empfundene Zeiten, die wohl unwiederbringlich dahin waren, mit fast greifbarer Anschaulichkeit erstehen ließen – war so groß, daß es auch heute noch unvergessen ist. Es gilt – obwohl es präzise Daten ausspart und sowohl Ereignisse als auch Personen, die heute bereits auf dem Piedestal der Historie präsentiert werden, auf Anekdotisches reduziert – als zeitgeschichtliches Quellenwerk, aus dem man gerne zitiert.

Die hier vorliegende Neuausgabe – die erste seit fast 40 Jahren – trägt der Distanz der Jahre Rechnung und wurde durch einige in der Erstausgabe nicht enthaltene Texte ergänzt, die – aus verstreuten Zeitschriftenveröffentlichungen und aus dem Nachlaß zusammengesucht – gerade in unseren Tagen auf verstärktes Interesse stoßen dürften, da sie Loos, Altenberg, Kokoschka und Lina Loos' eigene Biographie betreffen; dafür wurden manche in der Erstausgabe enthaltene Episoden – einige „Theater-" und „Sieveringer Geschichten" sowie das ganze Kapitel „Tiergeschichten" – ausgelassen, die, allzu offensichtlich nur für den Tag geschrieben, allzu leichtgeschürzt-feuilletonistisch, heute bestenfalls nostalgischen Charme vermitteln könnten.

Die Zeichnungen und Illustrationen aus der Erstausgabe von „Das Buch ohne Titel" finden sich zum Teil im Dokumentarischen Anhang der vorliegenden Ausgabe. Sie stammen von Le Rüther, der treuen Gefährtin von Lina Loos in deren beiden letzten Lebensdekaden, als sie sich von der Männerwelt mehr und mehr zurückzuziehen begann; Le Rüther – die Nachlaßverwalterin und Erbin von Lina Loos – hat auch zusammen mit Franz Theodor Csokor 1966 den Band „Du silberne Dame Du" herausgegeben, der Briefe von und an Lina Loos enthält.

Am 6. Juni 1950 ist Lina Loos nach schwerer Krankheit in Wien gestorben.

Ihr BUCH OHNE TITEL ist zu einem Stück Wiener Geistes- und Kulturgeschichte geworden.

Die *andere* Lina Loos, die kämpferische, emanzipatorische (einiges davon klingt in dem Kapitel „Eine Frau, die schreibt, was sie will" kurz an), die bereits vor vielen Jahrzehnten kompromißlos und gültig formulierte, was die heutigen Frauenbewegungen auf ihr Programm geschrieben haben, die nach 1945 ihre gar nicht mehr so harmlosen Geschichten im „Österreichischen Tagebuch" und in der „Stimme der Frau" veröffentlichte und die bis an ihr Lebensende an ihrem Fragment gebliebenen philosophischen Hauptwerk „Primitive Vorstellungen einer Frau vom Uranfang bis zum Ende alles irdischen Geschehens" arbeitete – *diese* Lina Loos bleibt uns noch zu entdecken.

Adolf Opel

ERSTDRUCKE DER IN DIESEM BUCH GESAMMELTEN TEXTE
(in Klammer der Originaltitel der Beiträge)

Mein Testament — Nachlaß Lina Loos

Eine österreichische Familie — Wochenausgabe „Neues Wiener Tagblatt", 8.12.1934

Meine Schwester und ich — Wochenausgabe „Neues Wiener Tagblatt", 15.1.1927

Die Mutter und wir („Die Beichte"). Wochenausgabe „Neues Wiener Tagblatt", 16.4.1927

Mein Bruder Karl („Traversen") — Wochenausgabe „Neues Wiener Tagblatt", 10.2.1934

Es läutet! — Wochenausgabe „Neues Wiener Tagblatt", 26.2.1927

Unsre Mutter („Meine gute Mutter"). „Die Dame", erstes Oktoberheft 1927; Wochenausgabe „Neues Wiener Tagblatt", 5.11.1927

Der Mann, der nur glücklich sein wollte — Wochenausgabe „Neues Wiener Tagblatt", 22.12.1928

Die Tante Wetti („Unheimliche, aber wahre Geschichten") — Wochenausgabe „Neues Wiener Tagblatt", 20.7.1935

Ein Familienstreit („Gräfin oder Köchin") — Wochenausgabe „Neues Wiener Tagblatt", 1.5.1942

Adolf Loos und ich — „Wort und Tat", August 1947

Unsre Hochzeit („Erinnerungen werden wach") — Wochenausgabe „Neues Wiener Tagblatt", 13. 4. 1935

Episoden — „Wort und Tat", August 1947

Vandalen — „Neues Wiener Tagblatt", 14. 8. 1904

Ein Warnungs- oder Erkenntnistraum („Wunsch- und Angstträume") — Wochenausgabe „Neues Wiener Tagblatt", 10. 8. 1935

Sievering („Leute in Sievering") — Wochenausgabe „Neues Wiener Tagblatt", 11. 2. 1928

Wie ich nach Sievering kam, und die Zukunft von Sievering („Die Zukunft von Sievering") — Wochenausgabe „Neues Wiener Tagblatt", 5. 12. 1936

Die Polizei und ich („Die Polizei, Verbrecher und ich") — Wochenausgabe „Neues Wiener Tagblatt", 7. 7. 1928

Mein Sommerurlaub („Urlaub vom Theater") — Wochenausgabe „Neues Wiener Tagblatt", 22. 9. 1934

Ein Sieveringer wird Doktor („Schnellsiederkurs des Lebens") — Wochenausgabe „Neues Wiener Tagblatt", 17. 10. 1936

Schneidermeister aus Wien, — Wochenausgabe „Neues Wiener Tagblatt", 1. 1. 1943

Das Landesgericht und ich („Aller Anfang ist schwer") — Wochenausgabe „Neues Wiener Tagblatt", 28. 12. 1933

Ein Wiener zieht nach Sievering („Ein Jux des Schicksals") — Wochenausgabe „Neues Wiener Tagblatt", 1.9.1934

3 mal Sievering — „Stimme der Frau", 18.5.1946

Gedicht — Nachlaß Lina Loos

Theater („Theater im Theater") — „Uhu", Heft 5, 4. Jg., Februar 1928

Meine Herren Direktoren — Wochenausgabe „Neues Wiener Tagblatt", 10.11.1934

Angsttraum („Wunsch- und Angstträume") — Wochenausgabe „Neues Wiener Tagblatt", 10.8.1935

Krach — Wochenausgabe „Neues Wiener Tagblatt", 17.8.1929; „Der Tag", 11.9.1929

Theater im Theater — Das Buch ohne Titel, 1947

Gastspiel in Berlin („Passage-Theater, Berlin") — Wochenausgabe „Neues Wiener Tagblatt", 7.1.1928

Was nicht alles passieren kann („Theatergeschichten") — Wochenausgabe „Neues Wiener Tagblatt", 9.6.1934; („Schauspielerscherze"): Wochenausgabe „Neues Wiener Tagblatt", 12.6.1942

Schauspieler („Zu Hause ist es nicht") — Wochenausgabe „Neues Wiener Tagblatt", 20.11.1937

Abschied vom Theater — Nachlaß Lina Loos

Eine Nacht im Grabencafé mit Peter Altenberg und Egon Friedell — Nachlaß Lina Loos

Mein Freund Dr. Egon Friedell („Der fröhliche Wissenschaftler") — Wochenausgabe „Neues Wiener

Tagblatt", 15.1.1938; „Österreichisches Tagebuch", 29.6.1946; „Agathon", Almanach auf das Jahr 47, 1947; Das Buch ohne Titel, 1947

Wenn einer Dichter und Professor ist — Nachlaß Lina Loos

Sommerreise 1927 — Wochenausgabe „Neues Wiener Tagblatt", 17.9.1927

Sommerreise 1931 — Wochenausgabe „Neues Wiener Tagblatt", 5.9.1931

Panik im Panoptikum — „Wespe", November 1948

Wie ich schreiben lernte („Wie lernt man schreiben?") — Wochenausgabe „Neues Wiener Tagblatt", 5.5.1934; („Technokratisches"): Wochenausgabe „Neues Wiener Tagblatt" 5.10.1935; („Philosophie oder die Dienstbotenfrage"): Wochenausgabe „Neues Wiener Tagblatt", 16.11.1935

Mein erstes Filmmanuskript — Wochenausgabe „Neues Wiener Tagblatt", 11.1.1936

Ich schreibe, was ich will („Eine Frau, die schreibt, was sie will") — Wochenausgabe „Neues Wiener Tagblatt", 11.11.1933; („Lästige Fragen"): Wochenausgabe „Neues Wiener Tagblatt", 15.2.1936

Die *kursiv* gedruckten Titel sind in der 1947 erschienenen Erstausgabe von DAS BUCH OHNE TITEL nicht enthalten.

Mein Testament

Wenn ich tot bin, hinterlasse ich Güter von unermeßlich großem Wert:
Die Erde! Wälder und viele Wiesen!
Den Frühling und den Winter im Gebirge! Das Meer!
Die Sonne und die Gnade Gottes!
All diese Reichtümer meines Lebens hinterlasse ich euch *ungeschmälert*!!

Lina Loos

Das Buch ohne Titel

FAMILIENGESCHICHTEN

Eine österreichische Familie

Es lebte einmal ein Bauer in Niederösterreich, im Ort Sieghartskirchen, der hatte als erster die gute Idee, so viel Kleesamen, als er nur bekommen konnte, zu kaufen und nach Amerika auszuführen; Kleesamen war damals dort ein sehr begehrter Handelsartikel. Infolgedessen wurde der Bauer ein reicher Großkaufmann und in weiterer Folge mein Großvater.

Bei uns Kindern war es ein beliebtes Spiel, die Mutter, die immer eine heimliche Liebe zu Sieghartskirchen behielt, zu fragen: „Mutter, wieviel Häuser hat Sieghartskirchen?" Und wenn sie, um uns eine Freude zu machen, sagte: „Mehr als hundert", schrien wir im Chor: „Jö, die Mutter schneid't auf", denn wir fühlten uns, kaum geboren, bereits als überlegene Wiener Großstädter. Immer mußte sie uns Geschichten von Sieghartskirchen erzählen; wie sie selbst, noch ein Kind im sechsundsechziger Jahre im Wald versteckt wurde, weil die bösen Preußen nahten. In einer großen „Kaleß" voll mit Lebensmitteln, in Begleitung eines Knechtes und einer Magd, wurden die Kinder in den undurchdringlichen Wäldern vor dem heranziehenden Feind versteckt. Bei der Schilderung von der Kuh, die hinten am Wagen angebunden war, und dem Hund, der mitlief und durch sein Bellen alle in große Gefahr brachte, glänzten bereits unsre Augen, und wir wünschten uns damals nichts sehnsüchtiger als einen Krieg. Wir sahen uns schon im Prater versteckt, wenn möglich im Wurstelprater. Der Weltkrieg hat mich begreiflicherweise dann später etwas enttäuscht.

Dann erzählte sie uns, wie im ersten Stock im „Blauen Zimmer" bei den Großeltern, die im Hause geblieben waren, der erste provisorische Friedensvertrag zwischen Preußen und Österreich geschlossen wurde. Es war wirklich so.

Bei den Worten „Blaues Zimmer" lief uns ein leichter Schauer über den Rücken, denn die Mutter sprach es immer so feierlich aus, daß Sieghartskirchen wieder stark in unsrer Achtung stieg.

Oder sie mußte erzählen, wie sie alle einmal bei Tisch saßen, die Großeltern und alle vierzehn Kinder, und wie der Großknecht hereinkam mit der aufregenden Mitteilung, daß das neue Pferd schlagend sei, und wie sie dann alle sechzehn um das Pferd herum standen und wie das Pferd sofort schlagend bewies, daß es schlagend sei und einen Bruder meiner Mutter auf den Bauch schlug. Und wie er, den Bauch reibend, geschrien hat: „Die ganze Familie steht herum, und gerade mich muß es treffen?"

Oder: Wie eines der Kinder einmal schwer krank

wurde und die Großmutter noch in der Nacht anspannen ließ und einen Knecht mit dem Wagen nach Wien schickte mit dem Auftrag, einen Professor zu bringen, und wie der Professor, erfroren und übernächtig, ankam, ohne sich auszuziehen an das Bett trat, einen Blick auf das bewußtlose Kind warf und sagte: „Und deswegen lassen Sie mich in der Nacht aus Wien holen, ich sehe doch sofort, da ist nichts mehr zu machen." Und wie die Großmutter sich zu dem Knecht umdrehte und sagte: „Hab' ich dir nicht gesagt, du sollst einen Professor holen? Und du Tepp hast da einen Wahrsager erwischt." Und wie den Professor fast der Schlag getroffen hat vor der wilden Energie der Großmutter.

Das kranke Kind lebt übrigens heute noch als alter Onkel in bester Gesundheit.

Mein Großvater war nicht nur Bauer und Kaufmann, er war auch ein großer Kunstfreund, er fuhr in seinem Wagen von Sieghartskirchen zu jeder größeren Premiere nach Wien. Sein besonderer Liebling war Nestroy; selbstverständlich verlangte und erhielt jeder einzelne Käufer, der in den Laden kam, einen genauen Bericht. So blieb der ganze Ort in ständiger Kunstverbindung mit der Kaiserstadt.

Bei diesen Reisen übernachtete der Großvater immer im „Schwarzen Adler" in Rudolfsheim. Als sich die Großeltern im Alter vom Geschäftsleben zurückzogen, kauften sie der Einfachheit halber den ganzen Adlerhof, und der ist bis heute im Besitz unsrer Familie geblieben.

Betreffs dieses gehöre ich leider nicht mehr zur Familie.

Auch eine aufregende Kriminalgeschichte hat sich einmal in Sieghartskirchen ereignet.

Jeden Sonntag kamen die Bauern von weit und breit in ihren Fuhrwerken angefahren, um nach dem Kirchenbesuch bei den Großeltern einzukaufen. Am nächsten Tag saß dann die ganze Familie um einen großen Tisch, Berge von vermudelten, fetten Guldenzetteln mußten glattgestrichen und gebündelt werden.

Eines Tages wurde nun entdeckt, daß Geld fehlte; man stand vor einem Rätsel. Entwendung kam nicht in Frage, Geschäftsrückgang (gute alte Zeit!) kam nicht in Frage, und es fehlte aus der Lade mit den Guldenzetteln immer wieder Geld, trotz Zählen und Aufpassen.

Die Großmutter ließ nicht anspannen, sie schickte den Knecht nicht um einen Detektiv nach Wien, sie beschloß, die Sache selbst zu ergründen.

Eine Zeitlang schien es, als ob meine Großmutter kein Sherlock Holmes sei, aber das blaue Auge des Gesetzes siegte doch. Als sie einmal die Geldlade ganz herauszog und sie einer fachmännischen genauen Untersuchung unterwarf, entdeckte sie an der Rückwand der Lade eine Lücke und die ersten Spuren. Es waren zwar keine Fingerabdrücke, aber doch Spuren, wie sie Verbrecher gern an dem Tatort zurücklassen.

Als sie der Sache nachging, fand sie dann im Kasten die ganze Diebsbande. Eine Mäusemutter hatte durch die Lücke die fetten und wohlriechenden Guldenzettel gezogen und ihren Kindern ein reizendes, weiches, warmes Nest aus lauter zerbissenen und zerkauten Guldenzetteln gebaut.

Das blaue kostbare Nest wurde lange in der Familie aufbewahrt, und niemand konnte es sehen, ohne daß ihm die Haare zu Berge standen. Um die Mäusefamilie, die doch sicher die reichste Mäusefamilie war, die je gelebt hatte und die plötzlich verarmt und obdachlos geworden war, kümmerte sich niemand – so sind die Menschen, so waren sie, und so sind sie noch heute.

Als meine Mutter heiratete (1873), bekam sie von ihren Eltern das größte Delikatessengeschäft von Wien (Stalzer am Lichtensteg) zum Hochzeitsgeschenk. Meine Eltern verkauften es später an einen Herrn, dem es heute noch gehört.

Wir Kinder dachten natürlich, das Leben würde immer so weitergehen: Mandeln, Rosinen, Datteln, wohin das Auge blickt, in Hülle und Fülle. Märchenerzählungen vom Knusperhäuschen oder vom Schlaraffenland machten daher gar keinen Eindruck auf uns.

Unsre Sehnsucht war es, mit bloßen Füßen frei auf der Straße herumlaufen zu dürfen, in Lacken so zu patschen, daß der Schlamm durch die Zehen glitscht. Wir sahen voll Neid durch die Auslagen auf die glücklichen Kinder der Straße, und die armen Kinder sahen voll Neid in unsre Auslagen.

Aber so ist das Leben, eine ständig wechselnde Sehnsucht. Später stand ich vor den Auslagen und schaute voll Neid hinein, und die Geschäftsleute behaupteten, daß ihnen bereits der Schlamm aus den Schuhen glitscht.

Meine Mutter übertrug in späteren Jahren ihre heimliche Liebe für Sieghartskirchen auf den Kahlenberg.

Wenn es irgendwie möglich war, fuhr sie Samstag abend hinauf, blieb im Hotel über Nacht und ging den nächsten Tag, den Morgen recht genießend, nach Nußdorf hinunter.

Bis in ihr hohes Alter, immer noch sehr gut zu Fuß, frönte sie dieser Leidenschaft.

Da geschah es an einem wunderschönen Sonntagsmorgen, daß meine Mutter, besonders unternehmungslustig, beschloß, die steile Wiese direkt hinunterzugehen.

Das hätte sie nicht tun sollen!

Ausflügler hatten sich bereits mit Kind und Kegel auf der Wiese häuslich niedergelassen. Sie saßen wie Blumenbüschel, die sich friedvoll sonnen, in Gruppen beisammen, fernab dem Großstadtgetriebe mit seinen lästigen Sensationen.

Da erschien meine Mutter am Horizont. Wie es angefangen hat, weiß man nicht, aber kaum hatte meine Mutter die Wiese betreten, als sie die Herrschaft über ihre Beine verlor und ins Laufen kam... Den

Ausflüglern bot sich plötzlich ein seltsam sonderbares Bild: Eine ältere Dame lief mit zunehmender Geschwindigkeit, in der einen Hand einen Schirm und in der andern eine Handtasche schwenkend, den Hut schief auf dem Kopf, die Wiese hinunter. In kühnen Sätzen, jedes Hindernis nehmend, sprang sie über ausgebreitete Tischtücher, über Teller und Gläser. Mütter rissen im letzten Moment noch die Kinderwagen an sich. Ein junger Mann versuchte, meine Mutter einzuholen und zu fangen; aber sie hatte bereits ein solches Tempo erreicht, daß sein Unternehmen erfolglos blieb. Sie sauste, hinter ihr der junge Mann und ein bellender Hund, der sich begeistert an der wilden Jagd beteiligte, talabwärts. Meine Mutter hatte, wie sie oft selbst tränenlachend erzählte, nur einen Wunsch – doch endlich einmal schon in einem Graben zu liegen! Und da lag sie auch schon! Der junge Mann hob sie auf, und nachdem er sich überzeugt hatte, daß nichts passiert war, gratulierte er meiner Mutter zu dieser zwar unfreiwilligen, aber doch fabelhaften sportlichen Leistung.

*

Das Ende dieser Geschichte einer österreichischen Familie möchte ich nicht schreiben –, es würde zu österreichisch ausfallen. Es gab einige jähe Abstürze – aber das Lachen ist uns allen geblieben, und das sind doch die einzigen, immer gleich wertvoll, immer gleich bekömmlich bleibenden Rosinen des Lebens.

Meine Schwester und ich

Wir verarmten und zogen in eine Parterrewohnung am Donaukanal. Ein Abstieg für die Erwachsenen –, da ich aber ein Kind von sieben Jahren war, wohnten wir natürlich herrlich in einem Hause mit vielen Kindern, nahe der Donau, und vom Zimmer aus konnte man direkt in den Hof gehen.

Im Hof lagen Bretter vom Tischler, ein Schuppen war da, eine Katze und in einer Ecke ein Grab mit einem Kreuz. Hier ruhte in einer Zündholzschachtel eine grüne Heuschrecke. Sie hatte sich hieher verirrt, war verschieden und kam durch mich ganz unerwarteterweise zu einem christlichen Begräbnis.

Im Winter erlaubte mir die Hausmeisterin, im Hofe Schnee zu kehren. Der Lehrbub vom Tischler lieh mir einen von seinen Schlittschuhen – mit dem zweiten lief er. Ich habe später nie richtig Schlittschuh laufen gelernt, das heißt: mit dem rechten Fuß lief ich wundervoll, aber der linke hat es nicht mehr erfaßt, er war es von Jugend auf nicht gewöhnt.

Ich fühlte mich also gar nicht arm, und die Kinder, die ohne Hof, Straße und Donau aufwachsen, tun mir heute noch leid. Für Kinder kann doch Reichtum nur etwas Hemmendes und Lästiges sein.

Ich wäre also soweit ganz zufrieden gewesen, aber leider hatte ich eine Schwester, die um sieben Jahre älter war. Ob reich, ob arm – eine ältere Schwester ist schrecklich. Sie fühlt sich erwachsen, übernimmt Muttersorgen, weiß alles besser, ist unerbittlich, und wenn sie nicht doch noch von der Mutter ab und zu eine „fangen" würde, wäre ihre Würde schlechthin unerträglich.

Sie sagt: „Was wünschest du dir zu Weihnachten?" „Eine Puppe", sage ich. „Eine Puppe?" sagt die Schwester verächtlich und höhnisch. „Gott, wie kindisch!" Ich sage: „Keine so gewöhnliche Puppe! Sie muß als Braut angezogen sein, ein Atlaskleid haben, einen Schleier, einen Kranz und blonde Haare, die man wirklich kämmen kann."

„Ja", sagt die Schwester überlegend, „vielleicht könntest du eine solche bekommen, das heißt, wenn ich mit dem Christkindl rede. Aber von morgen an mußt du in der Früh die Milch und die Semmeln holen." (Sonst ein Nachteil der älteren Schwester.)

Auf der Straße war es kalt, finster und unheimlich. Nach acht Tagen bat ich meine Schwester, lieber an das Christkindl zu schreiben. Aber sie sagte, sie halte von Briefen gar nichts, das müsse sie persönlich besprechen, und solche Protektion wäre das Sicherste. So holte ich weiter Milch und Semmeln, und die Schwester lag bis Viertel acht im Bett.

Dann kam der Weihnachtsabend.

Und da stand sie wirklich, die weiße Braut. Ich war so fassungslos, daß alle lachten, ich lachte ein wenig mit, und dann warf ich mich weinend in die Arme meiner Mutter. Die Schwester sagte: „Nimm sie doch! Schau sie doch an! Nimm sie doch!" Aber ich weinte meiner Mutter ins Ohr: „Ich will ins Bett!" Als ich im Bette lag, hörte ich noch, wie meine Schwester sagte: „Sie ist gar kein richtiges Kind." Sie war entsetzlich enttäuscht.

In der Nacht, als alle schliefen, stand ich leise auf und holte mir die Puppe ins Bett.

Nun war ich mehr als zufrieden – ich war glücklich.

Als ich am nächsten Tage in den Hof kam, die Puppe am Arm, erregte ich große Bewunderung bei den Mädchen, aber die Buben sagten nur „Pfui Teixel" und liefen an die Donau.

Die Braut allein zu Hause lassen, wollte ich nicht, zum Halten konnte ich sie niemand anvertrauen, so lief ich denn einige Tage noch so mit, als Ausgeschaltete, Überflüssige, und zog mich dann ganz in den Schuppen zurück. Die Katze hatte sich uns zugesellt, und wir drei waren nun ganz auf uns selbst angewiesen. Die Kinder hatten mich bald vergessen, mich, die am besten springen konnte, die im Wettlaufen drei Radiergummi und acht ausgeschriebene Schulhefte gewonnen hatte. „Sie werden schon kommen", dachte ich anfangs, aber sie kamen nicht.

Ich hielt aber wirklich wochenlang, monatelang in

dem Winkel aus, ich, die gewohnt war, auf der Straße zu leben, im Freien, ich, die nie etwas vom Familienleben gehalten hatte.

Welches Ansehen hatte ich bei den Gassenbuben genossen und wie weit war es jetzt mit mir gekommen! Sie wagten es, mir auf dem Schulwege nachzuschreien: „Puppengretl!" „Die Katzenmutter spielt sich mit Puppen!" Aber ich hielt aus, ich war glücklich, wenn auch nicht mehr ganz zufrieden.

Und eines Tages nahm ich der Braut den Schleier und den Kranz ab, riß ihr das Kleid herunter, denn sie war ein für allemal als Braut angezogen und konnte nicht umgekleidet werden und ließ die Sägespäne aus ihrem Bauche laufen, bis Arme und Beine schlaff wurden, dann warf ich den Balg in eine Ecke.

„Wir wollen Räuber und Gendarmen spielen", rief ich schon von weitem in den Hof hinein; ich fühlte, es mußte etwas Besonderes geboten werden. Es war kein alltägliches Spiel, da durfte man sich in allen Häusern der ganzen Straße verstecken, auf allen Böden, in allen Kellern.

Ich war „Räuber", und im Elferhaus wurde ich fast gefangen, hätte ich nicht den Mut gehabt, eine fremde Wohnungstür zu öffnen und einzutreten. Zum Glück waren so viele Leute gekommen, sich eine Tote dort noch einmal anzusehen, daß ich mich die längste Zeit aufhalten konnte, ohne bemerkt zu werden.

Ich wurde nicht gefangen, ich hatte gesiegt. Stolz

und mit mir selbst zufrieden kehrte ich zur Nachtmahlzeit zur Familie zurück.

„Wo ist deine Puppe?" fragte die Schwester.

„Ich brauche keine Puppe mehr", sagte ich kalt.

Meine Schwester warf meiner Mutter einen vorwurfsvollen Blick zu. Es konnte doch jetzt kein Zweifel mehr darüber walten, daß dieses letzte Kind kein richtiges Kind geworden war.

Die zweite Geschichte war so arg, daß meine Mutter meiner Schwester lange Zeit nicht in die Augen sehen konnte, aus Scham, daß ich auch ihre Tochter sei.

Meine Schwester besaß ein großes Osterlamm aus weißem glitzerndem Zucker. Der Boden, auf dem es stand, war grün bemalt, und es war kein Zweifel, daß dies Gras vorstellen sollte. Neben dem Lamm stand eine Fahne aus roter Seide. Dieses Lamm zu besitzen, war meine ganze Sehnsucht, und das war auch so ziemlich der einzige Wert, den es für meine Schwester hatte. Das Lamm hatte nämlich sonst Fehler, es war, um offen zu sein, sehr staubig, man könnte sogar „dreckig" sagen, und meine Schwester mußte zu Hause Staub abwischen (ein Nachteil der älteren Schwester).

Sie erklärte also eines Tages so ganz nebenbei, sie hätte die Absicht, das Lamm zu verschenken. Genoß meine Aufregung und ihre Macht und verstand es wirklich, eine große Sache daraus zu machen. Sie verteilte an alle Kinder des Hauses Lose; Ziehung am Ostersonntagmorgen im Hof! Ich trug den kleinen Zettel immer bei mir und sprach tagelang nur mit dem lieben Gott, er solle an mein Los denken und mir helfen, und versprach, dafür brav zu sein.

Bei der Ziehung war meine Schwester sehr feierlich und schüttelte den Topf mit den Losen endlos lange, alle Kinder umdrängten sie, nur ich stand abseits und sprach noch einmal ein ernstes Wort mit dem lieben Gott.

Endlich zog meine Schwester den Zettel heraus und darauf stand Lina! Das war ich! Dann zerriß sie den Zettel ohne weitere Erklärung, sagte nur: „Das gilt nicht!" und schenkte mein Lamm dem kleinen Mädchen vom ersten Stock, das einen Lackhut aufhatte, wenn es regnete; das alles ging so schnell, und doch werde ich es mein Leben lang nicht vergessen.

Was war geschehen? – Eine Ungerechtigkeit wurde begangen, ein Wort wurde gebrochen. Wurde aber deshalb ein Kinderherz verbittert? Wurde Grund gelegt für spätere böse Dinge des Lebens? Nein; nichts von alledem! Ich war tief davon überzeugt, daß der liebe Gott für mich war – er hatte es mir doch deutlich gezeigt. Nur meine Schwester war gegen mich und den lieben Gott, gegen uns beide; da konnte man eben nichts machen. Aber ich war so stolz auf diese Freundschaft, daß ich meiner Schwester einfach ins Gesicht lachte.

Sie war sprachlos...

Die Mutter und wir

Die Mutter, auf dem Lande aufgewachsen, konnte die Prügel nicht mehr vergessen, die sie einmal von der Pfarrersköchin bekam, weil sie dem Herrn Pfarrer vertrauensselig beichtete, daß sie mitschuldig sei am jähen Verschwinden seiner großen gelben Kaiserbirnen.

Seitdem war sie etwas mißtrauisch und besprach alles mit dem lieben Gott direkt, unter Umgehung aller Mittelspersonen.

Nun verbreitete sich aber eines Tages in unserm Hause das Gerücht von fremden Missionären, die, von weit her kommend, in der Kirche unsres Bezirkes die Beichte hörten. Sie sollten so ganz anders sprechen, so gütig und weise, und bald wieder weiterziehen.

Ich weiß nicht mehr, ob eine arme Frau, die neben uns, oder eine arme Frau, die ober uns wohnte, Mutter überzeugte, oder ob ihr nur die Tatsache so gefiel, daß die Missionäre von weit her kamen, um bald wieder fortzuziehen – kurz, sie beschloß, beichten zu gehen.

Ausnahmsweise wurde die Beichte abends abgehört, und wir Kinder blieben zum erstenmal allein. Wir hatten nämlich noch eine so gute Mutter, die sich nie von uns trennte, alles mit uns besprach und mit unsrer Freundschaft vollkommen zufrieden war.

Tagsüber hatten wir jedem Menschen, der es nur hören wollte, erzählt, daß unsre Mutter beichten gehe, und kamen uns sehr wichtig vor. Aber jetzt abends war es so still und dunkel, und wir bekamen Angst. Wir fühlten uns zwar verpflichtet, artig und brav zu sein; unter diesen beängstigenden Umständen aber waren wir geradezu gezwungen, Tiergarten zu spielen. Meine Schwester und mein Bruder wollten beide der Löwe sein. „Sie" wollte natürlich der König der Tiere sein, und es gelang ihr auch, meinen Bruder zu überzeugen, daß der Elefant größer wäre und daß er trompete. Bei mir gab es keine Wahl; ich konnte nur bellen.

Ich glaube nicht, daß diese Tierlaute, die wir jetzt ausstießen, sich wesentlich unterschieden haben, aber laut waren wir alle drei, sehr laut, fast markerschütternd.

Auf einmal klopfte es an die Wand, wir wurden still, da klopfte es wieder, und eine traurige Stimme sagte: „Seid doch ruhig; mein Kind, die Annerl, ist so krank!"

Viele Kinder wurden geboren, viele Kinder starben in diesem Armeleutehaus, es war nichts Besonderes für uns – aber jetzt durfte niemand sterben, wir waren allein, ohne Mutter. Wenn sie nicht wiederkäme? Oh, diese Angst!

Aber sie kam. Sie kam fröhlich und ruhig, setzte sich zu uns und erzählte.

„Also paßt auf, ich kniete nieder, machte das Kreuz und sagte: Hochwürdiger Herr, ich habe sicher viele Sünden begangen, aber ich weiß nicht mehr alle. Vielleicht fragen Sie mich, Hochwürden!"

„Wie lange waren Sie schon nicht beichten?" fragte er.

„Vierzehn Jahre, Hochwürden."

„Ja, da können Sie freilich nicht mehr alles wissen, ich werde schon besser fragen", und er war gar nicht böse.

„Sind Sie verheiratet?"

„Ja, Hochwürden, und damals vor vierzehn Jahren war ich beichten, das muß man so bei uns." Ich dachte, er kommt von weit her, vielleicht weiß er das nicht. Er lächelte so ein bißchen und fragte weiter:

„Haben Sie Kinder?"

„Drei."

„Sind die Kinder brav?"

„Gott sei Lob und Dank, Hochwürden; sehr brav sind sie und ganz gesund."

Da lächelte er wieder, hob ganz langsam die Hand und sagte: „Eine Mutter, die drei brave, gesunde Kinder hat, kann nicht viele Sünden begangen haben", und gab mir den Segen.

Mutter saß ruhig da, ganz erfüllt von ihrem schönen Erlebnis. Wir waren maßlos stolz. Auf einmal fiel ihr Blick auf uns, und sie schlug mit der Hand auf den Tisch und schrie laut und energisch: „Ihr braucht euch gar nichts darauf einzubilden, freche, ungezogene Fratzen seid ihr, damit ihr's wißt, ich habe gelogen, jawohl, gelogen, so!"

Aber uns konnte sie nicht täuschen mit dieser pädagogischen Anwandlung; unter wildem Geschrei sprangen wir auf sie zu und wollten sie alle drei zugleich umarmen und küssen; sie wehrte sich vergeblich gegen den Überfall.

Da klopfte es wieder leise bittend an die Wand.

Drüben saß eine Mutter und weinte aus Angst, herüben saß eine Mutter und weinte aus Freude.

*

Von nun an spielten wir unentwegt „beichten gehen". Mein Bruder war der Pfarrer, und meine Schwester kniete vor ihm und beichtete, daß sie zwölf ganz gesunde Kinder habe. Mein Bruder sagte: „Dann sind Sie gestraft genug!" und gab ihr seinen Segen.

Ich stand dabei und bellte. Ich konnte sonst noch nichts.

Mein Bruder Karl

Mein Bruder (Karl Forest) wurde, wie es in alten Bauernfamilien Sitte ist, kaum geboren, schon zum Pfarrer bestimmt.

Der Leser ahnt bereits Böses – erraten –, er wurde Schauspieler.

Der Übergang vollzog sich nicht gewöhnlich.

Zunächst besuchte mein Bruder das Gymnasium, und die Familie lebte ruhig dahin, nichts ahnend von den umstürzlerischen Sehnsüchten eines mißratenen Sprößlings.

Nur einmal fragte der Professor meine Mutter: „Was soll denn Ihr Sohn werden?" – „Pfarrer", sagte meine Mutter stolz. „Ich glaube eher, Schauspieler; als ich neulich etwas verfrüht in die Klasse kam, stand er auf dem Katheder und kopierte mich – na, wenn Sie da nur keine Überraschungen erleben."

Diese Geschichte wurde vorläufig als „lustige Geschichte" von der Familie weitererzählt.

Die Überraschung kam bald.

Als meine Mutter sich wieder einmal nach den Fortschritten ihres Sohnes erkundigen wollte, erfuhr sie, daß er dem Gymnasium nicht mehr angehöre.

Die Überraschung überstieg alle Erwartungen.

Was war geschehen?

Mein Bruder hatte das Schulgeld zwar immer in Empfang genommen, aber es nicht im Gymnasium, sondern in der Theaterschule eingezahlt.

Er hatte seinen Beruf gewechselt und vergessen, der Familie davon Mitteilung zu machen.

Dieser Fall von Vergeßlichkeit war so schwer, daß die Großmutter zugezogen werden mußte.

Unsre Großmutter war sehr streng; als Hausfrau des „Schwarzen Adlers" in Fünfhaus war sie an und für sich schon eine Respektsperson, aber als Großmutter war sie unbeschränkte Herrscherin in der Familie.

Ihre Urteile als Richterin waren gefürchtet und

unangreifbar. Um so mehr, als sie sie sofort und persönlich vollstreckte. Aber dieser außergewöhnliche, noch nie dagewesene Fall erforderte außergewöhnliche Maßnahmen, und die wurden von meiner Großmutter getroffen.

Mein Bruder wurde zu einem Schlosser in die Lehre gegeben.

Der renitente Geist sollte durch körperliche Leiden niedergekämpft werden.

Experimente mißglücken öfter. So auch hier.

Der biedere Schlossermeister, der sich dazu hergegeben hatte, die Sehnsucht durch Hämmern zu vertreiben, erschien eines Tages bei meiner Mutter.

„Sie, Frau", sagte er, „das geht net, ich hab gestern Ihrem Sohn zwa schwere Traversen zum Tragen geben; wie er fort war, hab i mir denkt, der Gstudierte (wie er meinen Bruder verächtlich nannte) kann vielleicht zammbrechen, und bin ihm auf der Straßen nachgangen, wissen S', was der gmacht hat? Gschlagene drei Viertelstunden – i lüg net – is er bei einer Säuln gstanden, die schweren Traversen am Rücken, und hat alle Theaterzetteln auswendig glernt, ich hab glaubt, das Kreuz bricht ihm ab. Sagen Sie, Frau, haben Sie kein Herz im Leib?"

So wurde mein Bruder Schauspieler!

Ob er die schweren Traversen dieses Berufes auch nicht gespürt hat und immer noch gläubig auf Theaterzettel starrt?

Wir wollen es hoffen!

Seinen Werdegang kann ich nicht schildern, aber leicht hat er es sicher nicht gehabt; der Schrecken, als Pfarrer unbeweibt durch das Leben gehen zu müssen, war so groß, daß er einigemal mehr, als nötig gewesen wäre, geheiratet hat – das sind Traversen, die jeder spürt!

Es läutet!

Nicht immer kann man was erzählen, wenn man eine Reise tut; manchmal kann es der, der zu Hause bleibt. In meiner Geschichte ist es so. Es ist viele Jahre her, daß sie passierte.

Ich hatte eben die Schule beendet, da fuhr ich mit meinem Vater nach München, um meine jung verheiratete Schwester zu besuchen. Mein Bruder spielte als Anfänger an irgendeinem Provinztheater. Meine Mutter blieb allein in Wien, genoß die ungewohnte Stille, gedachte ihrer endlich flügge gewordenen Jungen, putzte das Nest, stellte die Federn auf und machte sich dick und rund vor Wohlbehagen.

Es waren die ersten heißen Sommertage, Mutter hatte eben ihr Mittagsschläfchen beendet – als es läutete.

Vor der Tür standen ein verlegener junger Mann und eine junge blonde Frau mit einem Säugling auf dem Arm. Beide überstürzten meine Mutter mit Fragen.

Warum sie nicht auf der Bahn gewesen sei. Und ob der Brief meines Bruders nicht angekommen wäre. Und ob sie nicht wisse, daß sie auf der Durchreise in Wien seien. Und ob sie nicht glaube, daß die Eltern jetzt die Einwilligung zur Heirat geben müßten. Und um zehn Uhr abends gehe der Zug, um neun Uhr würden sie das Kind holen, und ob sie das Kind so lange hier lassen könnten. Und sie müßten sich doch Wien ansehen, und sie müßten noch einmal das Kind küssen, und es heiße Paul, und fort waren sie.

Meine Mutter hatte nicht so genau hingehört; jeder Säugling versetzte sie in wilde Begeisterung, sie behauptete kühn, nichts auf der Welt rieche so gut wie ein kleines Kind. Eine Ansicht, die von Nichtmüttern oft bestritten wird.

Kaum allein, entwickelte sie eine fieberhafte Tätigkeit. Das Kind wurde trockengelegt, gebadet, und als es erschöpft eingeschlafen war, setzte sich Mutter hin und schrieb uns einen Brief nach München. Dann ging sie Milch holen. Im Hofe traf sie die Hausbesorgerin und erzählte ihr lachend, daß sie zu einem Kind gekommen sei. Die Hausbesorgerin aber lachte nicht, sah meine Mutter an und sagte nur: „Sehr merkwürdig."

Mutter ging nachdenklich in die Wohnung.

Sie wartete, wartete lange. Sie wartete sehr lange. Um zehn Uhr abends ging sie zur Hausbesorgerin:

„Hab ich's Ihnen nicht gleich gesagt? Wie kann man denn ohneweiters ein Kind nehmen?"

„Gott, sie werden eben den Zug versäumt haben", meinte Mutter, „morgen früh werden sie schon kommen."

„Das kriegen Sie nimmer los, das Kind."

„Das wäre nicht schlecht", sagte Mutter und zog sich zu Paul, der sich äußerst wohl befand, in die Wohnung zurück.

Frühmorgens versuchte sie, ungesehen und mit versteckter Milchflasche, an der Hausbesorgerwohnung vorbeizukommen. Aber vergeblich. Die Hausbesorgerin wünschte ihr mit lachendem Gesicht „einen recht guten Morgen".

So gegen Mittag begann sie bei den Parteien ganz unter der Hand anzufragen, ob jemand ein Kind annehmen würde, aber alles war versehen. Es herrschte im Hause wirklich kein Mangel an Kindern, es wurden ihr sogar noch einige angeboten.

Sie wartete noch einen ganzen Tag, dann faßte sie einen fürchterlichen Entschluß. Sie begab sich mit Paul, stolz an der Hausbesorgerin vorbei, zur Polizei.

Hier saß Mutter mit Paul und einer großen Milchflasche auf einer Bank im Hintergrund der Wachstube und wartete.

Ein junger Polizeibeamter schrieb eifrig, es war heiß und still.

„Was wünschen Sie?" rief er plötzlich. Paul erschrak fürchterlich und brüllte auch schon wie besessen; das war aber gar nichts gegen die Angst meiner Mutter.

Sie stand zitternd auf und sagte: „Bitte, meinen der Herr Wachtmeister mich?"

„Natürlich, es ist doch sonst niemand da! Also?"

Der Wachtmeister war sichtlich erbittert. Mutter erzählte den Hergang. Er warf die Feder fort und erklärte, so etwas Unerhörtes noch nie gehört zu haben.

„Also, man braucht bei Ihnen nur zu läuten und ein Kind abzugeben, und schon nehmen Sie es? Ja, sagen Sie mir, wie alt sind Sie denn? Da hört sich doch alles auf, wie heißen die Leute, wo wohnen sie?"

„Ich habe nicht gefragt". stammelte Mutter, „sie haben nur gesagt, mein Sohn schickte sie."

„Verstehen Sie denn nicht, daß das jeder sagen kann? Was soll denn jetzt mit dem Kind geschehen?"

„Ich nehme es auf keinen Fall mehr mit", sagte Mutter.

„So, wie können Sie sich überhaupt unterstehen, ein fremdes Kind zwei Tage bei sich zu behalten? Sie hätten augenblicklich kommen müssen."

Dann kam er noch einmal in beleidigender Form auf das Alter meiner Mutter zu sprechen und ließ den Polizeiarzt holen. Paul wurde ausgezogen und einer gründlichen Musterung unterzogen. Der Arzt drehte und wendete ihn nach allen Seiten, behorchte und beklopfte ihn; aber Paul war einfach tadellos. Mutter wurde ganz stolz, sie hatte doch wenigstens ein einwandfreies Kind gebracht. So eines wurde nicht jeden Tag abgegeben.

Dann fuhr sie in einer Droschke mit Paul, der Milchflasche und einem Aufnahmeschein in das Findelhaus. Dort wurde Paul gewogen, bekam einen Zettel um den Hals, der Mutter wurde eine Nummer eingehändigt, und alles war erledigt. Nun kam der schöne Moment, als Mutter an das Fenster der Hausbesorgerin klopfte, die Arme ausbreitete und sich nach allen Seiten drehte, um zu zeigen, daß sie nirgends mehr ein Kind habe.

In München hatte sich inzwischen folgendes begeben. Wir saßen alle gemütlich beim Frühstück, als der Brief der Mutter kam. Meine Schwester las vor: „Liebe Kinder! Ihr werdet sehr erstaunt sein, ich habe ein Kind bekommen." Meine Schwester ließ den Brief sinken. Wir sahen alle drei auf den Vater, aber der sah ebenso erstaunt drein. Meine Schwester las weiter: „Freunde Eures Bruders Karl haben es mir gebracht..." Da sahen wieder alle auf mich, es wurde nicht weitergelesen. Meine Schwester zog sich mit meinem Schwager zu einer längeren Aussprache zurück. Dann zog sich mein Schwager mit meinem Vater zurück, meine Schwester blieb bei mir und weinte. Dann zog sich mein Vater mit meiner Schwester zurück, und endlich wurde ein Telegramm an meine Mutter abgeschickt.

Mutter schlief in Wien tief und fest bis abends — als es plötzlich läutete. Draußen standen die jungen Leute. Wieder stürzten sie mit einem Wortschwall über sie her. Es wäre so schön gewesen in Wien, und sie hätten doch gleich gesehen, wie lieb die Mutter ihres Kollegen sei, und sie sollte doch nicht böse sein. Eigentlich wollten sie gleich zwei Tage in Wien bleiben, aber sie hätten es sich nicht zu sagen getraut, es wäre doch zu unverschämt gewesen, aber Mutter würde ihnen doch verzeihen, und sie seien doch noch jung...

Mutter schwankte und mußte auf einen Stuhl gesetzt werden.

Neue Fragen. Ob sie krank sei und ob es etwas Ansteckendes sei und ob Paul nichts bekommen könnte. Und wo Paul sei.

„Er ist nicht mehr da", flüsterte Mutter.

„Wo ist mein Kind?" schrie die junge Frau mit einem Stimmaufwand, der keinen Zweifel mehr zuließ, daß sie eine Kollegin meines Bruders war.

Der junge Mann hatte gerade noch Zeit, meine Mutter von ihrem Stuhl hochzureißen, um seiner Braut Platz zu machen. Mutter hatte sich aber schon gefaßt, und während sie der jetzt Fassungslosen mit der Schürze Luft zufächelte, sagte sie:

„Na, na, gehn wir's eben wieder holen."

Als Mutter kühn voran, die beiden Jüngeren hinterher den Hof überquerten, waren alle Fenster schon dicht besetzt. Einige rohe Naturen winkten mit Taschentüchern.

„Zuerst wieder auf die Polizei!" kommandierte Mutter.

Der Beamte erhob sich drohend, als er Mutter erblickte. Kaum hatte er aber die schöne junge, elegante

Frau gesehen, fragte er nach einer kleinen Verbeugung, womit er dienen könne.

Während die beiden in ihrer anscheinend angeborenen temperamentvollen Weise redeten, zog sich Mutter auf die Bank im Hintergrund zurück.

Aber man ließ sie dort nicht sitzen. Der Beamte, außer sich vor Empörung, zog sie in den Vordergrund. Er erklärte wieder, daß ihm so etwas noch nicht vorgekommen sei, und ob Mutter nicht gesehen hätte, wen sie vor sich habe. Wie sie sich unterstehen konnte, das Kind auf die Polizei zu bringen, ob sie nicht noch einige Tage hätte warten können, und wie alt sie eigentlich sei und vieles mehr. Zur jungen Frau sagte er, daß die Menschen im allgemeinen kein Verständnis für Künstler hätten, er aber könnte alles sehr gut verstehen und gab ihr mit innigem Händedruck den Ausfolgeschein.

Das Wiedersehen mit Paul im Findelhaus soll unbeschreiblich gewesen sein; fremde Leute, die zufällig anwesend waren, weinten vor Freude mit.

Mutter kam sehr müde und erschöpft nach Hause und legte sich sofort zu Bett.

Sie war aber noch nicht zur Ruhe gekommen – als es läutete.

Es war unser Telegramm aus München.

Wie übersättigt von Sensationen mußte die arme Frau gewesen sein, wenn sie „Nur ein Telegramm!" sagte. – Sie legte sich wieder zu Bett, setzte die Brille auf und las: „Mein Mann erlaubt mir, Kind anzunehmen, bin überglücklich, wann kann ich es holen? Kein Zweifel, Kind von Bruder Karl, verzeihe ihm. Deine dankschuldige Tochter."

Mutter telegraphierte:

„Vater und Lina sofort zurück. Bin sehr nervös. Bei Ankunft klopfen, nicht läuten! Mutter."

Es geht wieder aufwärts
Die reiche Großmutter stirbt und die
Eltern kaufen das Café
Casa piccola

Unsre Mutter

Ich kann mir eine bessere Mutter als die unsre gar nicht denken. Sie hatte die einzig richtige Erziehungsmethode, die es gibt: sie war uns ein ständig gutes Beispiel. Ließ uns Bewegungsfreiheit und freute sich über unsre wilden Entwicklungskräfte.

„Ja", sagte sie einmal in einer philosophischen Anwandlung, „wenn die Kinder von mir allein wären, möchte ich schon wissen, was für sie das beste ist, aber sie sind doch von zwei verschiedenen Menschen. Wer kann wissen, was dabei herausgekommen ist."

Sie hatte viele schwere Schicksalsschläge erlitten, aber sie blieb immer mutig und hat ihr Leben so tapfer zu Ende gelebt wie kaum ein Mensch.

Geheimnisse vor Mutter gab es einfach nicht, sie lebte unser Leben mit, blieb jung dabei und war der zuverlässigste Kamerad, den man sich nur denken konnte. Sie stammte aus einem reichen niederösterreichischen Bauernhof, hatte etwas Klavier und ein wenig Französisch gelernt; im übrigen wurde sie nicht viel mit Bildung beschwert. Sie behielt ihr ganzes Leben eine so merkwürdige einfache, natürliche Denkungsweise, die oft die lustigsten Aussprüche ergab. Es verband sich in ihr glücklich ein angeborner künstlerischer Instinkt mit einem ausgesprochenen Mut zum ureigensten Urteil, und wenn wir Kinder „Muttergeschichten" erzählten, lachte sie herzlich mit. Nannte uns dann „respektlose Fratzen", fügte aber versöhnend hinzu, „aber was, besser als fade Kinder",

*

Mutter war eine begeisterte Kaffeesiederin; sie liebte ihren Beruf und war schwer von Wien fortzulocken.

Aber einmal machte ich eine kleine Sommerreise mit ihr; wir kamen nachts in Salzburg an. Morgens um zehn Uhr weckte sie mich und sagte: „Du liegst noch im Bett, und ich bin schon in vier Kaffeehäusern gewesen; hier kann ich übrigens nichts lernen; fahren wir fort!"

Wir fuhren nach Karlsbad; das Café P. dort imponierte ihr außerordentlich; sie war Aug und Ohr. War so vertieft, daß sie, als zwei Billardspieler ihre Partie beendet hatten, zum großen Erstaunen der noblen Kurgäste laut durch das Lokal rief: „Abmarkieren!"

Ich machte ihr daraufhin den Vorschlag, nach Hause zu fahren. Niemand war erfreuter als sie.

*

Mutter lebte ganz in der Führung der Kaffeehausgeschäfte. Wenn irgend etwas nicht in Ordnung war, regte sie sich fürchterlich auf. Wir besorgten, daß ihr die Aufregung schade; infolgedessen beschloß meine ältere Schwester, mit Mutter zu einem Seelenarzt zu gehen. Das war damals gerade Mode und meine Schwester daher begeistert davon. Mutter wurde in einen Sessel gesetzt, meine Schwester stand hinter ihr.

Der Arzt sprach beruhigend und eindringlich auf Mutter ein:

„Ja, liebe Frau, Sie nehmen die Dinge zu ernst; mein Gott, wenn jemand etwas im Kaffeehaus nicht bekommt, das ist doch keine solche Sache, Sie müssen alles leichter nehmen..." usw.

Mutters große blaue Augen wurden immer größer und größer. Als er aber leicht humoristisch sagte: „Nun, was liegt schon daran, wenn ein Gast nicht sein gewohntes Kipfel zum Kaffee bekommt?" sprang sie mit einem Satz in die Höhe.

„Sie, ich werde Ihnen etwas sagen: Ich soll mich nicht aufregen, wenn ein Gast sein Kipfel nicht bekommt; ja, über was soll ich mich denn dann aufregen? Ich verstehe mein Geschäft. Gott sei Dank! Und wenn

Sie glauben, daß Sie Ihr Geschäft mit solchen Ansichten führen können, dann können Sie mir leid tun! Adieu!"

Und draußen war sie.

Als meine Schwester eine halbe Stunde später ins Kaffeehaus kam, saß Mutter bereits stolz an der Kassa. Sie lächelte der Schwester spitzbübisch zu und sagte leise:

„Er ist sehr erschrocken; hat er sich schon beruhigt, der Seelendoktor?"

*

Eines Tages bat mich Mutter um ein Buch. Ich hatte aber alle in meiner Sieveringer Wohnung, nur ein Band Grillparzer fand sich vor. Trotz meiner Warnung fing sie an zu lesen. Nach einer Weile nahm sie die Brille ab, sah mich sehr erstaunt an und sagte:

„Woher kommt das eigentlich, daß Prosa in Versen ganz unverständlich wird?"

*

Sie war immer sehr damit einverstanden, daß alle ihre Kinder künstlerische Berufe erwählt hatten. Sie sagte oft: „Sorgen habt ihr mir ja genug gemacht, aber das tut nichts!"

Als sie aber einmal ihren Bruder traf, der den Bauernhof der Großeltern übernommen hatte, war sie ganz entsetzt, als sie hörte, daß der jüngste seiner sechs

Buben – fünf waren brave, solide Kaufleute, Offiziere geworden – Maler werden wollte. Sie sagte:

„Nein, so etwas! Die Tante Resi weint sich auch die Augen aus, so ein Unglück! Ja, da kann man nichts machen. In jeder Familie kommt eben etwas vor!"

*

Oder sie liest in der Zeitung ein Inserat: „Musikalische Edelsteine", schüttelt mißbilligend den Kopf und sagt zu mir: „Glaubst du an solche Dinge?"

*

Mutter hatte oft von der Hofrätin B. Z. sprechen gehört. Als sie sie persönlich kennenlernte, konnte sie sich vor Erstaunen gar nicht fassen. Sie sagte:

„Ich weiß nicht mehr, was ich mir vorgestellt habe, aber das hätte ich nie für möglich gehalten, daß eine so vornehme, gebildete Dame so gescheit und sympathisch sein kann!"

*

Ich sagte einmal im Scherz zur Mutter, auf die etwas mißglückte äußere Erscheinung des Vaters anspielend: „Mutter, wie hat der Vater eigentlich ausgesehen, als er jung war?"

Sie dachte eine Weile nach und sagte ganz ernsthaft: „Er war nicht so schön wie jetzt."

Nach einer fast fünfzigjährigen Ehe!

*

Einmal fragte sie mich:

„Sollen wir uns das neue Stück ‚Sterne' ansehen? Was geht da vor?"

„Es handelt von Galilei."

„Wer war das?"

„Das war der, der behauptet hat, daß die Erde sich dreht."

„Die Erde dreht sich?"

„Die Erde dreht sich."

„Wieso?"

„Wieso kann ich nicht erklären; du mußt mir glauben."

„Gut. Und wie geht es weiter?"

„Er wird dafür zum Tode verurteilt."

„Seit wann wird man zum Tode verurteilt, wenn man sagt, daß die Erde sich dreht?"

„Früher war das so."

„Du, das ist ein blödes Stück; in das gehen wir nicht."

*

Bei der Premiere von „Turandot" fragt mich Mutter während des Spieles mit halblauter Stimme:

„Du Lina, was ist das: ein Eunuch?" Die Nebensitzenden lachten.

Ich sagte leise: „Das werde ich dir zu Hause erklären." Sie erwiderte, recht unbekümmert um unsre Nachbarn: „Du immer mit deinen Geheimnissen!"

Alles brüllte vor Lachen.

Nachdem sie eine Weile den Vorgängen auf der Bühne gefolgt war, sagte sie stolz:

„Du brauchst mir nichts mehr zu erklären; ich weiß schon alles."

Ich bat sie beschwörend, ruhig zu sein, aber sie war nicht mehr aufzuhalten.

Alles horchte.

„Ich möchte nur wissen, warum du dich so patzig machst – es ist ein böser Mensch, das sieht doch jeder."

*

Wir waren bei der Generalprobe von „Don Carlos". Um halb vier Uhr bat ich Mutter, fortzugehen. Sie sagte „Nein! Dieses Stück interessiert mich sehr. Um was handelt es sich da?"

„Mutter, ich bin schon so müde, ich habe das Buch zu Hause; willst du nicht fertig lesen?"

„Gut; ich werde es lesen! Ein sehr gutes Stück! Von wem ist es denn?"

„Von Schiller."

Abends lege ich ihr das Buch hin: „Mutter, da ist der ‚Don Carlos'!"

„Ich will es nicht."

„Aber du hast doch gesagt, du willst es lesen."

„Ich habe gesagt, ich will den ‚Don Carlos' lesen, weil ich nicht gewußt habe, von wem er ist, Schiller lese ich nicht, dazu bin ich zu alt."

*

Mein Bruder brachte Mutter eine Karte zu „Nathan der Weise". Nach der Vorstellung sagte sie: „Es war ganz nett, ich habe mich nur gewundert, wie viele Erwachsene im Burgtheater zu Kindervorstellungen gehen."

*

Mutters Einstellung zur Politik war auch eine sehr merkwürdige.

Bei einem so großen Kaffeehauspersonal gab es oft begreifliche Differenzen wegen Urlaubes, Kündigungen und so weiter. Solche Dinge erledigte sie einfach damit, daß sie ihren Angestellten drohte, zu Viktor Adler zu gehen. Daß er der Führer der Sozialdemokraten war, genierte sie gar nicht. Für sie war Viktor Adler der Inbegriff von Gerechtigkeit und Weisheit, und sie zweifelte gar nicht, daß er sich ihrer annehmen würde, wenn sie sich im Recht fühlte. Sie hatte aber nie nötig hinzugehen, die Drohung genügte immer, die Gegenpartei teilte anscheinend ihre Ansicht.

MUTTER UND DER ERSTE WELTKRIEG

Mutter war gegen den Krieg. Details interessierten sie nicht. Kleine Verwechslungen von Freund und Feind kamen täglich vor. Im Frieden war sie jedesmal, wenn der Kaiser über die Mariahilfer Straße fuhr, hinausgegangen, hatte sich vor das Kaffeehaus gestellt und den Kaiser gegrüßt. Er kannte sie schon und dankte ihr höflichst.

Aber seit Ausbruch des Krieges ging sie nicht mehr hinaus, ich weiß nicht, ob es dem Kaiser aufgefallen ist, es war jedenfalls ihre Art, gegen den Krieg zu demonstrieren.

*

Sie fühlte sich verpflichtet, mit Gästen Gespräche über die wichtigsten Tagesereignisse zu halten. Dies führte während der Kriegszeit oft zu Mißverständnissen, da sie den Betrieb dabei nicht aus den Augen ließ und etwas zerstreut war. Zum Beispiel:

Eine Dame: „Mein Gott, die Russen! Sie dringen vor."

Mutter: „Und Warschau sollen sie auch schon haben."

Dame: „Warschau??"

Ich mische mich ein: „Mutter, Warschau gehört den Russen."

„Mutter: „Seit wann?"

Ich: „Schon lange."

Mutter: „Aber geh! Was jetzt alles zusammengeredet wird. Man weiß wirklich nicht, wem man glauben soll."

*

Im ersten Kriegsjahr kam Mutter eines Morgens sehr aufgeregt in die Wohnung hinauf und sagte:

„Es gelingt also unsern Feinden doch, uns auszuhungern."

„Was ist geschehen?"

„Wir bekommen nur mehr drei Kilo Kaffee täglich."

„Deswegen werden wir nicht verhungern."

„So, wieso werden wir nicht verhungern?"

„Weil der Kaffee keinen Nährwert hat."

„Ah, der Kaffee hat keinen Nährwert?"

„Er hat keinen."

„Auf einmal hat der Kaffee keinen Nährwert?!"

„Er hat nie einen gehabt."

„Das ist das erste, was ich höre; nein, so etwas: Der Kaffee hat keinen Nährwert!?"

„Er hat keinen."

„Er hat keinen, so, na und die Milch?"

*

Ich beobachtete sie einmal, wie sie die Kriegsberichte las.

„Mutter, du liest die Kriegsberichte?"

„Ja; ich denke mir dabei, wie interessant das für Leute sein muß, die wissen, wo das ist."

Der Mann, der nur glücklich sein wollte

Die Menschen wollen reich sein oder berühmt oder mächtig, ohne viel dazu zu tun; sie möchten geliebt werden, eigentlich auch nur so für nichts und wieder nichts. Aber so einfach ist es im Leben nicht.

Ihr Wollen ist gewöhnlich ohne jede Voraussetzung.

Ich denke jetzt an die beiden armen hungrigen Männer, die bei Sacher vorbeigehen. Der eine wirft einen wehmütigen Blick hinein und sagt: „Wie gern möchte ich wieder einmal da essen", und der andere fragt voll Erstaunen: „Hast du denn schon einmal bei Sacher gegessen?" – „Nein, aber gemocht habe ich schon einmal."

Aber einem Menschen bin ich begegnet, der wirklich etwas Wünschenswertes erstrebte, der es sich Zeit und Geld kosten ließ, um den für seine Person glücklichsten Zustand zu erreichen.

Die Geschichte ist viel zu wahr, um nicht grotesk zu sein; unbegreiflicherweise kümmert sich das Leben gar nicht um unsre Meinung.

Dieser Mann war jung, reich, Fabrikbesitzer, verheiratet, ein angesehener Bürger in den geordnetsten Verhältnissen. Wann die sonderbare Idee in seinem Gehirn entstand, zu alldem auch noch glücklich zu sein, ist mir nicht bekannt. Jedenfalls beschloß er, auf keinen Fall so weiterzuleben. Um seine Frau ein wenig aufzurütteln, nahm er sich eine Freundin; seine Frau drückte ein Auge zu, alles blieb beim alten. Nun begann er sich mit seiner auffallend schönen Freundin überall öffentlich zu zeigen. Seine Frau wurde jetzt schon gezwungen, beide Augen krampfhaft zuzudrücken, aber alles blieb ohne Bewegung. Da wurde er ungeduldig.

Zu einer großen Festvorstellung kaufte er seiner Frau eine prächtige Abendtoilette mit einem ganz besonders aparten Kopfschmuck und begleitete sie in eine Loge. Nachdem er mit Genugtuung die bewundernden Blicke der Premierenbesucher festgestellt hatte, verschwand er, aber nur, um in der großen Pause mit seiner Freundin wieder aufzutauchen, die sich zu ihrem eigenen Erstaunen vollständig gleich gekleidet sah mit einer Dame in der gegenüberliegenden Loge. Die Augen dieser Frau waren jetzt übernatürlich weit geöffnet! Ganz Wien lachte damals über diesen Einfall.

Aber jetzt kam Bewegung in sein Leben.

Die Familie war er mit einem Schlag los. Das Vermögen wurde geteilt, und er begab sich schon wesentlich erleichtert auf Reisen, um sich zuerst einmal die Welt zu besehen.

Nach zwei Jahren kam er nach Wien zurück, strahlend vor Begeisterung; die Schönheit unsrer Erde hatte alle seine Erwartungen übertroffen. Geld hatte er zwar keines mehr, was ihn nicht im mindesten zu bedrücken schien.

Aber wie das Leben schon merkwürdig ist, diese Freundin war nicht nur jung und schön, sie war auch ein guter und anständiger Mensch. Sie verkaufte ihren ganzen herrlichen Schmuck, ihre kostbaren Pelze, die sie im Laufe der Zeit von ihrem Freunde erhalten hatte, und eröffnete ein Kaffeehaus, das durch seine Pracht eine Sensation für Wien wurde. Nun wurde wieder drauflosgelebt. Er war bei jedem Rennen, war überall mit seiner Freundin zu sehen, wo es gut und teuer war.

Zaghafte Bemerkungen ihrerseits, ob es genüge, ein Geschäft zu besitzen, oder ob man es nicht vielleicht auch führen müsse, wehrte er als lästige Vorurteile ab.

Es war kein Jahr vergangen, als sich herausstellte, daß die Ausgaben weit die Einnahmen überschritten. Nun kam eine traurige Zeit. Er war gezwungen, im Geschäft zu bleiben, Gäste zu begrüßen, die er nicht sympathisch fand, Wünsche zu respektieren, die ihn nicht interessierten, eine Ergebenheit zu markieren, die er nicht empfand. Niemand war glücklicher als er, als die Leute anfingen wegzubleiben. Als sich dann doch jemand fand, der sich bereit erklärte, alle seine Schulden zu übernehmen und das Geschäft dazu, war er fast wunschlos. Aber nicht genug, gerade in dieser Zeit bot sich für seine Freundin eine günstige Gelegenheit, eine vorteilhafte Heirat; sie schlug ein. Unser Mann verließ Hab und Gut, frei, unabhängig und sorglos wie ein Vogel.

Nun hörten wir lange nichts von ihm.

Eines Tages tauchten sonderbare Gerüchte auf, man hätte ihn da und dort als Straßenkehrer gesehen, Genaues wußte niemand, bis es zur unleugbaren Tatsache wurde: er kehrte Straße und Gehsteig vor dem Lokal, dessen Besitzer er früher gewesen.

Die Gäste beratschlagten, wie man sich in diesem außergewöhnlichen Fall verhalten solle, ob man ihm taktvoll aus dem Wege gehen oder ob man ihn durch einen Gruß beglücken müsse.

Wieder kam es anders, als man erwartet hatte.

Sowie er einen seiner früheren Bekannten erblickte, winkte er schon von weitem mit seinem Besen, schüttelte allen hocherfreut die Hand, lachte über das ganze Gesicht, versicherte, daß es ihm ganz gut gehe, wobei seine treuherzigen blauen Augen lügelos offen keinem Blick auszuweichen suchten. Nur manches Mal verzog sich auf ein paar Sekunden sein Gesicht zu einer angewiderten Grimasse: „Fad is 's Arbeiten..."

Nach einiger Zeit, als die Menschen schon anfingen, sich an diesen irgendwie beleidigend vergnügten Mann zu gewöhnen, der so neidlos jedes Avancement andrer hinnahm, daß man selbst an der eigenen Wichtigkeit zu zweifeln begann, fing er an, mysteriöse Bemerkungen von sich zu geben, es wäre noch nicht aller Tage Abend, seine Zeit würde auch noch kommen, und das Leben gehe eben bald abwärts, bald aufwärts usw.

Niemand konnte erraten, was er vorhabe.

Doch eines Mittags erschien er ganz unerwarteterweise bei uns in der Wohnung. Es waren meine Eltern, die ihm das Kaffeehaus abgekauft hatten, und er wurde ein Freund unseres Hauses. Er war in einer unbeschreiblich guten Laune, umarmte meiner Mutter und rief wiederholt: „Gratulier mir, Karolin, gratulier!" und spannte meine Mutter mit dunklen Reden auf die Folter: „Ich bin ja doch Bürger von Wien schließlich, und Protektion hat man doch auch noch, wenn es nötig ist, schließlich bin ich doch wer..."

Meiner Mutter war schon ganz schlecht vor Neugierde, sie unterbrach rücksichtslos seine wunderbare Einleitung: „Jetzt sagst du mir sofort, was geschehen ist; hast du den Haupttreffer gemacht?"

„Aber geh, Karolin, was hab ich denn von einem Haupttreffer, was glaubst, wie lang sich das Geld bei mir halten möcht, und dann geht die ganze Gschicht von vorn an? Nein, viel mehr: denk dir, ich brauch nichts mehr zu arbeiten, nie mehr mein ganzes Leben lang; weißt, wo ich bin, Karolin? In der Versorgung! Mit fünfunddreißig Jahren, mit der Kraft, schau mich an", und er reckte sich, daß alle Knochen krachten: „Ja a Glück muß man haben, bist starr, was, Karolin?"

Meine Mutter wurde ganz verwirrt durch seine Reden. „Ich hab keine Sorgen wegen dem Zins, ich hab mein Essen, kann den ganzen Tag machen, was ich will, brauch mir keine faden Reden wegen arbeiten anhören, ich bin ein Privatier ohne Angst um die Kapitalsanlage! Alles dem Bürgermeister sei Sorg; auch eine Idee, Bürgermeister werden, was der für Scherereien haben muß, nicht auszudenken! Wenn du mir beispielsweise jetzt fünf Gulden schenken würdest, Karolin, für kleinere vorherzusehende Nebenausgaben, wüßte ich faktisch nicht, was ich mir noch wünschen sollte."

„Fünf Gulden sind viel Geld", fühlte sich meine Mutter verpflichtet zu sagen, während sie schon ihr Portemonnaie suchte.

„Ja freilich, wenn man dafür arbeiten muß, schon, aber an und für sich sind fünf Gulden gar kein Geld für einen Kavalier! Du hast natürlich Sorgen mit dem Geschäft; wenn ich nur wüßte, wozu die Leute immer wieder Geschäfte aufmachen, nachher sagt ja doch jeder, es geht nicht. Aber wenn ihr nur alle arbeiten könnts." Er sah meine Mutter mit einem so bedauernden und überlegenen Blick an, als hätte er jede Hoffnung aufgegeben, sie je in der Versorgung zu sehen.

„Ich arbeit für meine Kinder", beeilte sich meine Mutter entschuldigend zu erwidern.

„Ah, da kann ich dir auch einen guten Rat geben, laß sie was lernen, du glaubst nicht, wie mir das hilft, daß ich Französisch und Klavier spielen kann; also das Französische brauch ich nicht, aber das Spielen!

Abends im Gasthaus unterhalten wir uns großartig, ich spiel Klavier, sie zahlen mir den Wein, ich bin lustig, und die anderen denken an ihre Sorgen." Er sah mich an: „Du, Lina, bist noch zu jung, aber glaub mir, man kann nie wissen, wozu man eines Tages die Bildung brauchen kann."

Sein Ideal war: von der Schule direkt in die Versorgung, kein Vertrödeln der Zeit mit Wünschen, die gar nicht wünschenswert sind.

Meiner Mutter wurde es unheimlich, sie zog mich an sich und sagte ablenkend: „Willst du bei uns zu Mittag essen?"

„Nein, ich dank dir schön, aber ich muß jetzt gehen." Bei der Tür wandte er sich noch einmal um, blinzelte mir lustig zu und sagte: „Weißt du, wo ich jetzt hingehe, Karolin, mit deine fünf Gulden? Zu ‚Meißl und Schadn' auf ein Rindfleisch; privat ist es nie so saftig, wie ein gutes Rindfleisch sein muß."

Ehe meine Mutter ihren weitgeöffneten Mund nur halbwegs geschlossen hatte, hörten wir ihn schon auf der Stiege singen, den Mann, der nichts wollte als glücklich sein.

Die Tante Wetti

Als die Schwester meiner Großmutter nach Wien heiratete, war sie ein zartes, schmales Geschöpf und hatte kein wirtinnenähnliches Aussehen, obwohl sie ein

Wirt als Ehegenossin erkoren hatte. Diese Ehe war dadurch bemerkenswert, weil in ihr der Mann der absolute Herr war.

Jeden Abend nach getaner Küchenarbeit setzte sich die Tante an den Stammtisch ihres Gatten und sah dem großstädtischen Treiben zu, das ihr neu und fremd war.

Wollte sie sich aber doch einmal an einem Gespräch beteiligen mit einem „Aber so was" oder „Aber gehn S'", ermahnte sie der Onkel: „Sei still, wenn Männer reden", und sie war sofort still, ohne beleidigt oder gekränkt zu sein –, das war doch sicher bemerkenswert.

Da sie vorzüglich kochte und reizend aussah mit ihren frischen ländlichen Gesichtsfarben von Weiß und Rosa, den hellblauen Augen, den strohgelben Haaren, erweckte diese Ehe allenthalben Aufsehen und Neid. Die ledigen wie die verheirateten Männer seufzten! Der Mann nahm die gehorsame Hingabe seiner jungen Frau mit einer Selbstverständlichkeit hin, die aufreizend wirkte.

Bemerkungen der Stammgäste, die darauf hinzielten, die junge Frau auf kleine Unvollkommenheiten ihres Mannes aufmerksam zu machen, blieben wirkungslos.

Sie blickte immer nur voll Stolz auf das Doppelkinn des Onkels, das vor Manneswürde zitterte. Niemand und nichts konnte ihren Glauben an das berechtigte Herrentum ihres Ehegemahls erschüttern.

Die leiseste Willensäußerung ihrerseits: „Du, ich hätte gern...", wurde allerdings sofort durch ein drohendes „Wetti!" im Keim erstickt.

Ehemänner führten ihre Frauen in das Wirtshaus wegen des guten Beispiels. – Frauen verbaten ihren Männern den Besuch des Lokals wegen des schlechten Beispiels. Der ganze Bezirk wurde unruhig, etwas Fremdes und Ungewohntes war vom Lande her eingeschleppt worden.

Das ging so einige Jahre – die Tante näherte sich schon ein wenig dem Wirtinnenaussehen, und der Onkel wurde schon etwas „schwammig", aber er fühlte sich immer als Herrenpilz –, da ereignete sich etwas Sonderbares. Es war an einem Donnerstag (es gab Blut- und Leberwürste), als die Tante sich neben ihrem Gatten, die blendendweiße Schürze glattstreichend, artig wie gewöhnlich am Stammtisch niederließ.

An diesem denkwürdigen Abend hatte sich ein Telepath eingefunden, der eben stürmisch aufgefordert wurde, ein Experiment seiner unheimlichen Kunst vorzuführen.

Die blauen Augen der Wirtin blickten etwas verständnislos drein, aber sie wagte nicht ihren Mann zu fragen. Als der Telepath nach längerem Zögern sich bereit erklärte und die Hand des Onkels ergriff, wurde die Tante ängstlich; unruhig blickte sie auf ihren Gatten, der ihr aber mit einer männlich überlegenen Gebärde weibliche Schwäche verwies.

Also der Telepath nahm die Hand des Onkels und legte sie so langsam und behutsam auf den Tisch (wie man Würste in die Pfanne legt), darauf legte er die kleine zierliche Hand der Tante – blickte den Onkel scharf an und sagte: „Sie können die Hand nicht unter der Hand Ihrer Frau hervorziehen."

Der Onkel lachte zuerst überlegen, dann wurde er rot und bleich, aber er konnte trotz aller Anstrengung die Hand nicht bewegen; er lachte verlegen.

Die blauen Augen der Tante wurden immer größer und größer, alles war begeistert von dem gelungenen Experiment.

Der Telepath, selbst trunken von dem Erfolg, erklärte sich jetzt freiwillig bereit, das Experiment zu wiederholen – das hätte er nicht machen sollen!

Er legte jetzt die Hand der Tante unten und die Hand des Onkels darauf, blickte meine Tante scharf an und sagte: „Jetzt können S i e die Hand unter der Hand Ihres Mannes nicht mehr hervorziehen."

Alles lachte und protestierte gegen das zu leichte Experiment – aber die Tante zog ruhig und überlegen ihre Hand hervor.

Das Experiment war zwar mißlungen, aber jetzt folgte Sensation auf Sensation. Bei der Tante hatte sich eine sichtbare Änderung vollzogen, die Augen funkelten, die Haltung war straff und gebietend geworden.

So einfach geht das? dachte sie, und in einer Minute war alles vorbei. Ihr schlafender Wille war plötzlich erwacht und stürzte sich heißhungrig auf den erstbesten Willen und fraß ihn mit Putz und Stingel. Der Onkel ließ noch einmal sein drohendes „Wetti!" ertönen, aber vergeblich; die Tante sah ihn scharf an und sagte: „Sei still", und der Onkel war still, und dabei blieb es.

Die Ehe ist aber trotzdem weiter eine gute und glückliche Ehe geblieben, es war nur alles umgekehrt.

Der ganze Bezirk atmete auf – der Ausgang erweckte allenthalben große Befriedigung.

Mit solchen Dingen soll man immer vorsichtig sein.

*

Mir ist auch einmal eine schreckliche Geschichte passiert.

Es war in einer Gesellschaft, in der die Kunst des Handlesens geübt wurde. Nun muß ich offen sagen, daß ich bis dahin keine sehr gläubige Anhängerin dieser Tätigkeit gewesen bin und nur mittat, um nicht als Spielverderberin angesehen zu werden. Ich reichte also dem nervösen, bleichen jungen Mann meine Hand; aber kaum hatte er einen Blick hineingetan, als er erschreckt zurückfuhr und sich entschieden weigerte, etwas wahrzusagen.

Er war so bestürzt, daß ich neugierig wurde; ich versicherte ihm immer wieder lachend, daß ich an diese Dinge nicht glaube und mich nicht aufregen würde, auch wenn er die schrecklichsten Prophezeiungen von sich geben würde.

Endlich, nach langem Bitten, ließ er sich überzeugen und sagte mit leisen, zögernden Worten: „Sie leben nicht lange, Sie sterben früh. Sie sterben bald, sehr bald."

„Wann?"

„Schon mit vierzig Jahren!"

Das hat mich mächtig ergriffen, ich zitterte und mußte gelabt werden. Der bleiche Herr war außer sich und machte sich selbst die heftigsten Vorwürfe.

„Ich hätte es nicht tun dürfen. Es kann sich doch niemand einem solchen Eindruck entziehen. Verzeihen, verzeihen Sie!"

Ich sagte mit leiser, bebender Stimme:

„Das habe ich nicht erwartet! Was, seit zwei Jahren bin ich schon tot? Und niemand hat mir ein Wort davon gesagt!"

Da kann einen doch wirklich der Schlag treffen!

LÄNDLICHE VERWANDTE

Wir hatten eine uralte Großtante, die ihrerseits wieder einen Neffen hatte. Dieser Neffe war sehr arm und lebte eigentlich nur von den harten Nüssen, die ihm das Leben zu knacken gab.

Nun besaß diese alte Großtante eine immer verschlossene Truhe. Und der sinnende Blick des Neffen ruhte oft auf dieser Truhe und er führte listige Reden:

„Frau Tant', Sie sind gar zu sparsam, Sie vergönnen sich rein gar nichts! Sie haben am Land ein schweres Leben gehabt, bei uns in der Stadt können Sie sich's schon ein wenig gut gehen lassen –, mitnehmen können Sie einmal doch nichts von dem, was da in der Truhe ist!"

„Fei recht hast, lang leb i nimmer! Di hab i gholfen auf die Welt z'bringen und deine Sechse. Bald bin i neunzig –, dein siebenten Buam erleb i nimmer! Sieben Manner hab i gholfen, daß s'a die Sonn sehgn auf unserer schönen Welt, das is mei Stolz, i brauch nix mehr!"

Das waren so ihre Reden.

Und es kam, was einmal kommen mußte.

Der Tag, an dem er als Erbe die Truhe aufschloß, feierlich und behutsam.

Da lagen seidene Schürzen, alte Spenzer, vergilbtes Leinen. Er suchte unruhig und unruhiger.

Es war nichts Erwartetes zu finden.

Doch – da ganz unten lagen sieben kleine, sorgsam verschnürte Päckchen. Auf jedem Name und Datum sauber verzeichnet.

Sein und seiner sechs Buben Geburtstag.

Er öffnete eines – alle enthielten dasselbe.

Liebevoll aufgehobene, abgeschnittene, eingetrocknete Nabelschnüre!

Eine alte Bauernsitte, längst nicht mehr gehandhabt. Sie bewog den Städter, die Truhe wieder, diesmal aber rasch zu schließen.

Ein Familienstreit

Bei uns zu Hause wurde immer gestritten: sind wir mit Andreas Hofer verwandt oder nicht?

Mein Vater sagte „ja", die Mutter „nein". Mein Bruder sagte „ja", meine Schwester einmal „ja", einmal „nein".

Da wurde mir die Sache zu dumm und ich schrieb an den ältesten Bruder meines Vaters; das war im Jahre 1910.

Lieber Onkel! Wenn Du willst, daß Friede herrscht in der Familie Obertimpfler, so schreibe mir bitte etwas Näheres über unsere Abstammung. Schreibe klipp und klar, ob wir mit Andreas Hofer verwandt sind oder nicht.

Wenn möglich recht klar, auf klipp lege ich weniger Wert.   *Gruß, Deine Nichte Lina.*

Ich gebe das Antwortschreiben auszugsweise, aber wörtlich wider.

Liebe Nichte! Wir stammen aus einer alten Sarntaler Bauernfamilie. Es existieren dort heute noch der Obertimpfler-Hof und der Untertimpfler-Hof (ober und unter einem Tümpel). Zu erfragen: Bezirksgericht Sarnthein.

(Der Onkel wollte wohl Bezirksamt schreiben, oder sollte die Familie dem Bezirksgericht bekannt gewesen sein?)

Die Schreibweise der Namen hat sich im Laufe der Jahre geändert. Obertümpler – Obertümpfler – Obertimpfler.

Die Obertimpfler sind in Tirol und Niederösterreich eine ziemlich verbreitete Familie, dagegen sind die Untertimpfler recht schütter geworden. Im Jahre 1904 bestanden noch in Lienz im Pustertal, in der Hauptstraße, zwei fast einander gegenüberliegende Geschäfte, deren eines auf seiner Firmentafel Obertümpfler, das andere Untertümpfler firmierte; zur großen Erheiterung der durchfahrenden Reisenden. Unsre Familie stammt vom Obertimpfler-Hof.

(Klar, sonst würden wir ja Ober- vom Untertimpfler-Hof heißen und kein Mensch würde sich auskennen!)

Unsre Großväter, also Deine Urgroßväter, waren beide Tischler und sind zur Zeit der Gründung von Theresienfeld bei Wiener Neustadt eingewandert.

(Soviel ich weiß, war es die Kaiserin Maria Theresia, die damals Bauern, welche auch ein Handwerk konnten, herlockte.).

Unser Großvater, also Dein Urgroßvater, und sein Bruder waren sehr hagere, hochgewachsene Männer von nahezu zwei Meter Höhe, mit scharfgeschnittenen Gesichtern und Hakennasen. Wir sind schon alle mißraten, weil unsere Väter alle kleine Weiber zu Gesponsinnen hatten.

(Natürlich sind die Frauen schuld! Wenn sie schon alle Tischler waren, werden sie doch einen Zollstab gehabt haben –, hätten sie sie halt vorher gemessen!)

Der Großvater, also Dein Urgroßvater, lernte als Tiroler Alpenkind mit dreißig Jahren lesen und schreiben und gründete 1800, also vor ungefähr hundertfünf Jahren, ein Tischlergeschäft in Wiener Neustadt.

(Wieso ungefähr hundertfünf Jahre? 1800 bis 1910 sind doch hundertzehn Jahre; mit wieviel Jahren hat denn dann der liebe Onkel eigentlich rechnen gelernt?)

Die Obertimpfler, die ich im Jahre 1864 in Tirol kennenlernte, erzählten, daß wir durch die Familie Speckbacher mit Andres Hofer entfernt verwandt sind. Unsere Großmutter, also Deine...

(Ja, ja, jetzt kenne ich mich schon aus!)

Urgroßmutter war eine geborene Weygandt und stammte aus einer verarmten Zweiglinie der Grafen Weygandt und jammerte noch mit achtzig Jahren um ihr verlorenes Adelsdiplom.

(Oh, eine gräfliche Urgroßmutter taucht auf! Aber was ist mit dem Andreas?)

Was die Verwandtschaft mit Andreas Hofer anbelangt, müßtest Du Dich selbst weiterkümmern, wir haben eine Tante gehabt, die mit Speckbachers und Hofers noch näher verwandt war.

Es grüßt
Dein Onkel Nikolaus.

Also was ist jetzt? Die Sache ist doch mehr klipp. Soll ich weiter suchen?

Meine Mutter, eine geborene Ockermüller, ließ die Obertimpfler nicht gelten, sie riet mir ab.

Sie war überzeugt, daß sich die Obertimpflerischen mit den Speckbacherischen und Hoferischen nur patzig machen.

Die Obertimpfler kamen von einem Tümpel her, sie aber stammte aus Sieghartskirchen, einer bekannt trockenen Gegend.

Bei der Gräfin zuckte sie nicht einmal die Schulter, ein Zeichen höchster Verachtung.

Ich schrieb also hin und andere schrieben her. Es wurde sehr viel hin und her geschrieben, und schließlich hielt ich ein Dokument in Händen, in dem stand zu lesen:

TRAUUNGSSCHEIN

Wiener Neustadt ... 1805
Bräutigam: Johann Obertimpfler, Tischlermeister. Braut: Magdalena Weygandt ... Köchin aus Wien. Und dazu die Bemerkung: *Da unsere Matriken nur bis 1780 reichen, bitte sich an das Diözesan-Archiv in Wien zu wenden.*

Ich habe mich nicht gewendet und will auch sagen warum. Mir ist es heute ganz egal, ob meine Urgroßmutter eine echte adelsstolze Gräfin oder ob sie nur eine schlichte Köchin war, oder sonst etwas.

Ober ob sie eine Gräfin war, die mit dem Fuß aufgestampft und ausgerufen hat:

„Ich will a Köchin werden und wenn sich alle meine Ahnen auf den Kopf stellen!"

Mich interessiert nur eines, was mir aber kein Dokument mehr beweisen kann: Hat sie gut gekocht? Und was hat sie gekocht?

Adolf Loos und ich

Adolf Loos war ein außergewöhnlicher Mensch und ich von Natur aus nicht sehr konventionell veranlagt. Was ich jetzt erzähle, ist buchstäblich wahr, so unwahrscheinlich es auch klingen mag.

Es war eines Abends, als mich meine Schwester und mein Schwager an den Peter-Altenberg-Stammtisch im Löwenbräu mitnahmen. Anwesend waren: Peter Altenberg, Karl Kraus, Egon Friedell und Adolf Loos. So viele Prominente lernte ich zugleich kennen. Ich blickte ehrfurchtsvoll und ängstlich von einem zum andern, wagte kaum zu atmen, viel weniger zu reden.

Peter Altenberg sprach väterlich weise. Karl Kraus kurz und scharf. Friedell, der Jüngste, hatte noch nicht viel zu reden.

Den stärksten Eindruck machte Adolf Loos auf mich; ich hatte seine Artikel in der „Neuen Freien Presse" gelesen und war ganz und gar seiner Ansicht gewesen, über was immer er geschrieben hatte.

Jetzt faszinierte er mich durch die temperamentvolle, sichere und klare Art, mit der er seine Ansichten vertrat.

Er hatte eine Zigarettendose, die er aus Rußland erhalten hatte, mitgebracht; sie war aus russischer Birke, damals etwas ganz Neues. Wie er nur das naturgegebene Ornament des Holzes gelten ließ, wie er nur Zweckmäßigkeit der Form an den Dingen als Schönheit erklärte, wie er die liebevolle Arbeit anerkannte, war so belehrend auf alles anwendbar –, jedes Kind mußte es verstehen, ich war hingerissen.

Die ersten Worte, die Loos zu mir sprach, waren: „Die Dose geht sehr schwer auf, Sie werden sie nicht öffnen können!"

Dies weckte meinen Ehrgeiz, ich setzte die Nägel ein, und mit aller Kraft öffnete ich den Deckel. Aber der Ruck war zu heftig gewesen, die Dose zerbrach.

Meine Verlegenheit war unbeschreiblich. Blutrot geworden, stammelte ich Entschuldigungen. Meine Schwester warf mir wütende Blicke zu, alle schwiegen. Ich wußte nicht mehr, was ich sagen sollte, und stotterte nur: „Bitte, Herr Architekt, sagen Sie doch, wie ich mich revanchieren kann."

Loos, der kein Wort zu meiner Beruhigung gesprochen hatte, sah mich sehr ernst an und sagte: „Wollen Sie sich wirklich revanchieren?" Ich atmete auf.

„Selbstverständlich gerne!"

„So heiraten Sie mich!"

Ohne eine Sekunde zu zögern, sagte ich „ja!" Meine Schwester lachte auf, sie hielt es für einen Scherz – es war keiner!

Es war ein gewöhnlicher Frühlingstag, an dem sich diese außergewöhnliche Begebenheit zutrug.

Im Sommer heirateten wir.

Unsre Hochzeit

Loos, ich, meine Eltern und zwei Herren fuhren an einem schönen Sommermorgen nach Eisgrub in Mähren. In der Schloßkapelle des Fürsten Liechtenstein wartete der Onkel, ein alter würdiger Priester, der schon die Eltern von Loos getraut hatte, auf uns.

Ich war unbefangen fröhlich, wie eben nur ein neunzehnjähriges Mädchen sein kann, das sich der Gefährlichkeit der bevorstehenden Begebenheit nicht bewußt ist.

Loos war einige Tage vorher zu seinem Onkel gefahren, um alles zu besprechen und zu fragen, ob auch ein Jude Trauzeuge sein kann. Es war sein Lieblingswunsch, seinen Freund Peter Altenberg in diese Angelegenheit zu verwickeln.

Der Priester-Onkel versicherte lachend, er könne ruhig seinen Freund mitbringen. Als zweiter Zeuge war Max Schmidt ausersehen, ein bekannter Altertumssammler. Er war eine große, helle Erscheinung, liebenswert schrullenhaft. (Dickens hat das sonderbare Gehaben solcher älterer Herren mit Vorliebe geschildert.) Er ließ es sich zum Beispiel auf dieser Fahrt zur Feier des Tages nicht nehmen, dem Lokomotivführer ein Goldstück zu überreichen.

Alle Wiener sind Max Schmidt heute noch Dank schuldig, denn er war es, der der Stadt Wien nach seinem Tode das Schloß mit dem herrlichen Park in Pötzleinsdorf vermachte.

Ich bekam eine Perlenkette – o Jugendzeit, o Perlenzeit – wohin seid ihr entschwunden?

Die Fahrt verging mit Gesprächen über Manschetten. Adolf Loos, wie bekannt ein Vorläufer alles Praktischen, beanstandete die steifen gerollten Manschetten von Max Schmidt. Sie legten abwechselnd die Arme auf die Bank, um auszuprobieren, ob die flache oder die runde Manschette bequemer sei. Ich kann mich nicht mehr erinnern, wie die Sache geendet hat. Meine Eltern, damals noch Besitzer der „Casa piccola", saßen unterdessen tief in Gedanken versunken und zogen alle Möglichkeiten in Betracht, die durch ihre längere Abwesenheit im Kaffeehaus entstehen konnten.

Um mich, die holde Braut, kümmerte sich niemand.

Ein Wermutstropfen mischte sich in die stille Feier, die sonst ruhig und schlicht verlief. Peter Altenberg, nicht zu bewegen, so früh aufzustehen, war nicht mitgekommen.

Loos mußte den Bruder von Max Schmidt, Leo Schmidt, bitten, uns aus der Verlegenheit zu helfen, und er war wirklich so liebenswürdig, in letzter Minute das Amt des zweiten Zeugen zu übernehmen.

Diese beiden Zeugen waren das schönste an der Trauung. Sie standen groß und rank an unserer Seite, wie zwei mächtige Ritter, es fehlte nur Wams, Schild und Speer.

Sie überragten alle Anwesenden um Kopfeslänge und glichen wie ein Ei (wie ein Straußenei) dem anderen. Der Onkel sprach in seinem Amt als Priester einige herzliche Worte, aber er faßte sich überraschend kurz. Kaum waren die letzten Worte gefallen, zog er uns in die Sakristei und sagte: „Seid mir nicht böse, ich hatte mir eine so schöne lange Rede zurechtgelegt, aber ich war nicht imstande, sie zu halten – ich war so abgelenkt – ich mußte nur immer auf die beiden Zeugen schauen. Ich habe mir die ganze Zeit den Kopf zerbrochen, so sagt mir doch endlich – welcher von beiden war denn der Jud?"

Episoden

Wir suchen eine Wohnung. Loos findet eine sehr teuere Zehn-Zimmerwohnung, gegenüber unserer Wiener Oper.

Ich: „Können wir denn eine so große Wohnung nehmen? Wir haben doch kein Geld?"

Er: „Es ist ganz gleich, was für eine Wohnung wir nehmen, eine kleine können wir ja auch nicht bezahlen!"

Wir finden eine kleinere Wohnung und nehmen sie, nachdem sich meine Eltern bereit erklärt haben den Zins zu bezahlen. Einmal kommt Loos hocherfreut und sagt:

„Denke Dir, was für ein Glück! Die Wohnung unter unserer Wohnung wird frei, ich werde sie sofort mieten!"

„Warum?"

„Weil ich eine fabelhafte Idee habe – ich lasse dann den Fußboden unserer Wohnung abtragen."

„Warum?"

„Verstehst du nicht, was das für eine großartige Sache ist? Also paß auf! Wir haben dann doppelt so hohe Zimmer, was prachtvoll wirken wird und außerdem wohnen wir nicht mehr im vierten sondern im dritten Stock!"

Mein Einwand, daß die Eltern dann den doppelten Zins zahlen müßten und der Hausbesitzer, wenn wir einmal ausziehen, an Stelle von zwei nur eine Wohnung hat, tat er mit zwei Worten ab: bürgerliche Vorurteile!

Vandalen

(Der Brief einer Dame.)

Frau Karoline Loos, die Gattin des bekannten Wiener Architekten und Schriftstellers Herrn Adolf Loos, hat nach einem Besuche in Eger an ihren Gatten aus Franzensbad einen Brief gerichtet, der es verdient, an die Öffentlichkeit zu gelangen. Wir verdanken es der Liebenswürdigkeit des Herrn Adolf Loos, daß wir in der Lage sind, das interessante Schreiben unseren Lesern mitzuteilen. Es lautet:

Lieber Mann!

Heute Abends ist mir eine Zeitung in die Hand gefallen, die über Kulturvandalen schreibt. Ein Baum, den Shakespeare gepflanzt hatte, wurde gefällt. Ob in England oder bei uns alte historische Sachen ruiniert werden, es ist immer schrecklich. Aber die Engländer schreien doch wenigstens, so daß auch unsere Zeitungen darüber berichten. Doch um unsere Sachen kümmern sie sich nicht einmal. Sonst wäre es nicht möglich, daß ich im Laufe eines Nachmittags so viel Ruiniertes zu sehen bekommen hätte. Wenn es auch schade ist, einen Baum zu fällen, den ein großer Mensch gepflanzt hat, so ist er doch nur eine Erinnerung, eine Sache der Pietät; aber wert?!... Wie viel wird bei uns zerstört, das Zeugnis geben könnte für eine einstige Kultur. Haben wir auch heute keine mehr – sollten wir doch die alten schönen Dinge in Ruhe lassen. Denn schön waren sie alle, wie doch alle Dinge schön sind, die einer festen, sicheren Kultur entsprießen. Aber nein! Wir müssen sie „verschönern", weil sie unseren gemeinen, ordinären Augen nicht mehr schön erscheinen, müssen den Stempel unserer unsicheren Parvenuezeit daraufdrücken.

Ich glaube, ich habe Dir noch gar nicht geschrieben, daß ich in Eger war. Also: ich war einen Nachmittag dort.

Warum ich diesen Brief überhaupt schreibe? Weil ich eine Wut hab' über die Menschen, die so blind sind, weil Du mich verstehst und weil ich hier niemanden habe, zu dem ich mich ausschimpfen könnte.

Weißt du, es gibt eine Kirche hier – die ist herrlich. Sie ist aus dem 12. Jahrhundert, riesig hoch – ich glaube 24 Meter. Acht Säulen. Große, weite Bogen verbinden sie. Von Stil und so verstehe ich nichts, aber es ist eine Kirche, worin jeder Schritt hallt und wo einem ganz bang wird, wie es eben in einer richtigen Kirche sein muß.

Wenn du aber die Augen aufschlägst..., man sollte es nicht für möglich halten! Die Säulen – gemalte Ziegel, die Wände – gemalte Ziegel. Die Decke zeigt ein „modernes" stilisiertes Blumenmuster, unterbrochen durch Heiligenbilder. Soll man es glauben, daß es Menschen gibt, die Steinquadern wie Ziegel anmalen? Grellrote Ziegel, mit schönen weißen Streifen (Fugen) herum. Und um die ganze Kirchenwand ein drapierter Vorhang – gemalt natürlich.

Begreiflich wird das alles erst, wenn du beim Ausgange eine Gedenktafel findest: Renoviert 1891! und die Namen der beiden Architekten, denen es vorbehalten war, dieses Werk zu vollbringen ... Ganz ist ihnen ihr Werk nicht gelungen. Denn man kann, Gott sei Dank, den Stein durch den Anstrich durchfühlen. Bei einem neuen Baue hätten sie sicher Ziegel verwendet und dann wie Marmor gestrichen. Etwas muß doch geschehen! Nur nicht stehen bleiben!

Du kannst mir glauben, daß ich mit nichts weniger als andächtigen Gefühlen weggegangen bin. Ich glaube, wäre ich allein gewesen, ich hätte geflucht, ja, mitten in der Kirche!

*

So gibt es hier noch altes gutes Zinngeschirr. Egerer Zinn. In einem kleinen, schmutzigen Geschäfte, unter guten und noch mehr schlechten alten Sachen, finde ich auch ein paar prächtige alte Zinnstücke. Hocherfreut über meinen Fund, kann ich mich nicht sattsehen an den schönen Formen. Ich bin ja furchtbar ungebildet und für die Egerer Bauern hatte ich gar kein Verständnis. Aber wenn ich mir so die Sachen ansehe, dann sehe ich auch plötzlich die Bauern. Wie kraftvoll die Formen sind! Und dann merkt man so die Freude der Leute an dem schönen Zinn. Ich kann mich vielleicht nicht gut ausdrücken, aber so sicher sieht alles aus. Wie ich so herumstöbere, komme ich auch in einen Winkel, wo ein halbwüchsiges Bürschchen sitzt. Stöße von glatten, alten Zinntellern stehen dort. Sehnsuchten der Egerer Bauernfrauen – teilweise auch meine. Weißt du, was der macht? Er nimmt einen glatten Teller um den andern und – graviert ihn. Heiligenbilder, Kränze, Heckenrosen – entsetzlich. Ich fahre natürlich gleich los, um zu retten, was noch zu retten ist: Was machen Sie da, sind Sie denn verrückt geworden?!! Doch der Meister, gekränkt, erklärt mir, daß alle diese Sachen graviert werden müssen. Die Karlsbader und Marienbader Kurgäste wollen sie schöner haben, sie sind zu einfach. So kann man sie doch nicht in den Salon stellen. Ja, haben denn diese Leute gar keine Empfindung mehr für den herrlichen verhaltenen Glanz einer ungetrübten Zinnfläche, die doch jeder Bauer noch besitzt! Manchesmal kommen ja Engländer, die wollen sie wieder glatt haben. Aber auf die kann man doch nicht warten.

Mir ist es heiß und kalt geworden und bin schnell hinausgegangen. Vielleicht wäre ich auch grob geworden. Aber dieses Bürschchen, das wahrscheinlich dazu von einer vom Staate geleiteten Fachschule ausgebildet wurde, sitzt noch dort, nimmt einen Teller, einen Krug um den anderen und alles, alles wird hin. Für ihn ist ja das nur Kleinigkeit. Der macht im Tage ein paar Dutzend Teller für seine Zeit mundgerecht. Aber wie lange die zu einem Teller gebraucht haben – einem glatten. – Ja, wir sind Kerle!

*

So kam ich also in Wallensteins Todeshaus. Im Sterbezimmer ist nur mehr der schöne alte Plafond vorhanden. Ich glaube, der hat es nur seiner kolossalen, kräftigen Konstitution zu verdanken, daß er noch lebt. Ihn umzubringen hätte zu viel gekostet. Die Wände – das ist schon billiger – sind schön blau gestrichen und patroniert. Das Sterbezim=

mer wird gleich als Museum ausgenützt. Alles ist da zusammengetragen. Das ganze Haus wurde zum Stadthause adaptiert, wo Tauf- und Totenscheine ausgestellt werden, wo man Arrestanten und Vagabunden ein- und ausführt. Dazu ist es gerade gut genug, und wenn es nötig ist, werden auch ein paar alte Türen und Fenster nicht geschont.

Wäre nur Wallenstein darin ermordet worden – gut! Aber es ist auch ein Muster eines alten Patrizierhauses. Das letzte in der Stadt. Nur wer die großartigen Wandvertäfelungen des Stiegenhauses gesehen hat, kann sich vorstellen, wie sich die gemalten Streifen darüber ausnehmen. Dieses Holzgeländer, diese Stufen, da weiß man, da ist Wallenstein gegangen. Nicht wie im Burgtheater ist es, wo Wallenstein, wahrscheinlich seiner geschichtlichen Größe wegen, eine breite Treppe, einen Riesenvorhang und ein Zimmer, zehnmal so groß wie das wirkliche, zugewiesen bekommt. Und doch ist das kleine, niedere Zimmer so mächtig, so –. Man spürt: da haben große Menschen gelebt, hier konnten sich große Ereignisse abspielen.

*

Ob das alles weniger Verbrechen sind, als einen Baum fällen, den ein großer Dichter gepflanzt? Mein Gott! Auch ein von einem Dichter gepflanzter Baum ist eben nur ein Baum – nicht? Aber ein Zinnkrug ist etwas, was nicht wieder kommt. Wer es nicht versteht, dem kann ich es eben nicht sagen. Aber – wie sollte er denn wieder kommen, wenn wir ihn nicht einmal aufbewahren können.

Deine Frau
Karoline Loos.

Ein Warnungs- oder Erkenntnistraum

Von der modernen Traumdeutung weiß man so allgemein nur, daß die Träume in Wunsch- und Angstträume eingeteilt werden. Aber so einfach ist die Sache natürlich nicht.

Als neunzehnjährige Frau hatte ich einen Traum, mein Gatte bestand damals darauf, daß ich ihn mir aufschreibe zum Andenken: ich besitze den Zettel noch.

Also, als junge Frau träumte mir einmal, ich hätte einen Schmuck gefunden, ich freute mich über alle Maßen und sah mich schon so geschmückt voll Stolz einhergehen und die Bewunderung und den Neid aller Menschen erregen; ich war sehr unglücklich, als ich erwachte und der Schmuck pfutsch war.

In verschiedenen Variationen wiederholte sich dieses Traumerlebnis immer wieder von Zeit zu Zeit, ich begann auch tagsüber daran zu denken, wie ich mir die schönen Dinge des Traumes in die Wirklichkeit hinüberretten könnte.

Da träumte mir wieder einmal, ich hätte eine schöne Kette gefunden, und ich beschloß noch im

Traum, mir diese Kette unbedingt zu erhalten und suchte nach geeigneten Verstecken, keines war mir sicher genug. Da erinnerte ich mich, daß im Blechgesimse vor dem Fenster eine Lücke ist, dort legte ich die Kette hinein, schloß die Fenster und legte mich befriedigt zu Bett.

Dieser Traum wirkte so stark nach, daß ich, kaum erwacht, schlaftrunken zum Fenster ging, es öffnete und das Gesimse zu untersuchen begann – ich brauche nicht zu sagen, daß keine Kette da war, ja nicht einmal die Lücke.

Durch den kalten Luftzug – es war Vorfrühling – erwachte mein Gatte und fragte erstaunt, was ich dort suche? Ich erzählte meinen Traum. Er sah mich mit einem langen Blick an, der einfach zu deuten war; er drückte aus: „Und so etwas habe ich geheiratet!" Dann seufzte er tief, drehte sich auf die andere Seite und schlief wieder ein.

Nicht so ich; mir ging die Sache nicht mehr aus dem Kopf, ich schämte mich zwar etwas, aber es war bereits zu einer fixen Idee geworden; jeden Abend, wenn ich mich zu Bett legte, dachte ich: Was wirst du wieder finden und wie wirst du dich in der Früh wieder ärgern, wenn es weg ist; was ist da zu machen?

Nun muß jeder Mensch zugeben, daß ich vor einem schweren Problem stand, vor einer fast unlösbaren Aufgabe.

Richtig träumte mir wieder einmal, ich hätte etwas

gefunden, und sofort tauchte der so oft gedachte Gedanke auf, was mache ich, um am Morgen nicht wieder enttäuscht zu sein?

Mein Gatte wurde diese Nacht durch ein Triumphgeheul meinerseits geweckt, ich lachte in mein Kopfpolster hinein und schlug mit den Händen auf die Bettdecke vor wilder Begeisterung

Mein Mann fragte mißtrauisch, was los sei – ob ich vielleicht wieder etwas im Traum gefunden hätte, und ich sagte stolz:

„Ja, ja, und ich habe es!" Ich fing sofort an zu erzählen, er hörte mir zuerst mit gewöhnlicher Gattenpflicht zu, aber dann wurde er immer aufmerksamer und aufmerksamer.

„Also höre zu! Heute habe ich Geld gefunden – fünf Gulden und sechzig Kreuzer –, ich hob sie auf und ging sofort damit zu einem Fiakerstandplatz und suchte mir einen schönen Gummiradler aus und fuhr in den Prater – denke dir, die ganze Allee steht schon in Blüte, es ist eine herrliche Frühlingsnacht draußen.

Ich legte mich mehr als ich saß im Wagen zurück, sah zu den Sternen auf, sog den süßen Duft der Kastanien ein – es war so still und herrlich.

Als ich genug davon hatte, sagte ich: „Jetzt fahren Sie mich, bitte, auf den Konstantinhügel!' Dort setzte ich mich an einen Tisch und bestellte zuerst Krebse – also die Krebse waren gut, echte Laibacher –, dazu frische Butter und ein Glas Feingespritzten; dann aß ich ein Backhuhn mit Häuptelsalat –, du, es gibt schon frischen grünen Salat –, ich glaube, ich habe noch nie in meinem Leben so gut gegessen. Dann stieg ich wieder in meinen Wagen und fuhr die zauberhaft mondbeleuchtete Allee nach Hause. Beim Haustor angekommen, stieg ich aus, und als ich bezahlte, hatte ich gerade fünf Gulden ausgegeben, die sechzig Kreuzer schenkte ich dem Kutscher, der sich sehr freute.

In dem Moment, als ich in meine leere Hand sah, verstand ich plötzlich alles, und ich habe auf der Stiege gelacht, bis ich im Bett lag, bis ich erwachte, und dann fing ich erst an zu lachen. Verstehst du? Ich habe einfach das Geld angebracht, habe mir einen feinen Abend gemacht, kurz, ich habe meinen eigenen Traum ums Ohr gehaut...!"

Mein Mann wurde sehr nachdenklich, er überlegte, daß diese Heirat doch nicht so schlecht gewesen sei, denn eine Frau, die sich auf so billige Art selbst zu ernähren verstünde, sei nicht zu unterschätzen.

Er klopfte mir anerkennend auf die Schulter:

„So etwas Gescheites hat dir auch nur im Traum einfallen können!"

In der Früh beim Aufstehen fragte er, immer noch über die Sache nachdenkend, plötzlich sehr besorgt:

„Was machst du aber, wenn du kein Geld, sondern wieder Schmuck findest?"

„Dann verkaufe ich ihn stante pede an den Erstbesten, den ich treffe."

Mein Mann fand, dies sei eigentlich gemein von mir, einen Unwissenden so hineinzulegen, aber ich kam gar nicht in diese Lage, denn der Traum hatte sich merkwürdigerweise nie mehr wiederholt.

War das jetzt ein Wunschtraum oder hatte sich der Wunschtraum in einen Angsttraum verwandelt oder sollte ich im Traum gewarnt werden vor Eitelkeit und Vergänglichkeit des Besitzes?

Dann war es ein einfacher Erkenntnistraum – eine Erkenntnis, die einem Österreicher schließlich auch bei Tag im hellsten Sonnenschein einfallen könnte.

*

Unsere Ehe war nicht von langer Dauer; sie war, wie alles Irdische, begrenzt und löste sich bald wieder in ihre Bestandteile auf.

Loos erklärte mir eines Tages: wenn er mich nicht kennengelernt hätte, wäre er vielleicht in ein Kloster gegangen; daß er das nicht getan habe, sei meine Schuld.

Worauf ich kühl antwortete: „Laß dich nicht aufhalten!"

Er hat sich übrigens aufhalten lassen – denn er hat sich noch einige Male verlobt und verheiratet. Ob er sich jedesmal auf so ungewöhnliche Weise verlobt hat, ist mir nicht bekannt.

SIEVERINGER GESCHICHTEN

Sievering

Ich habe viel von der Welt gesehen, bin in Rußland, in Amerika, in Frankreich, in der Schweiz gewesen und habe mich dann endgültig in Sievering niedergelassen.

Wir leben still und friedlich, von der Welt abgeschlossen, niemand kümmert sich um uns, und wir sind auch nicht neugierig.

Um neun Uhr abends ist unsre Straße menschenleer. Die Elektrische fährt zwar bis elf Uhr, aber mehr zu ihrem eigenen Vergnügen und weil sie es so gewohnt ist.

Die Städter fragen oft so leichthin: „Wohnen Sie nicht irgendwo da draußen in Sievering oder Grinzing?" Was für sie so ungefähr dasselbe ist.

Das muß endlich ein Ende nehmen.

Wir haben mit Grinzing absolut nichts zu schaffen. Grinzing verhält sich zu Sievering wie Berlin zu Wien.

Womit ich natürlich nicht sagen will, daß Grinzing mit Berlin viel Ähnlichkeit hat.

Als ich einmal kopfschüttelnd auf die Grinzinger Kirchenuhr sah und dachte, es kann doch unmöglich halb zwölf sein (die Sonne war eben im Untergehen), blieb ein Eingeborner stehen und sagte: „Die Uhr geht gut; nur wann der Wind geht, verwaht er gern die Zager." Also dies ist in Berlin nicht so. Oder wenn man plötzlich aus einer Heurigenschenke Männer mit roten Gesichtern aufgeregt herauslaufen sieht und erfährt, daß irgendwo Feuer ist und daß diesbezügliche Signalzeichen listig und weise bei den „Heurigen" ertönten, ist man gerührt. Eine ausprobierte Einrichtung, die sich seit Jahrzehnten glänzend bewährt hat.

Die Berliner haben nichts so individuell organisiert wie wir. Es geht ja auch, aber dem Leben wird unnotwendig viel Reiz genommen.

Wir haben natürlich auch Sorgen in Sievering. Wie der Wein wird. Und vor allem, ob er genug sein wird. Nach Grinzing kommen die Leute aus der Stadt und trinken Wein, aber eigentlich wollen sie Musik, Gesang und Radau.

Ich bin in Berlin in einem neueröffneten Kaffeehaus gewesen. Das Lokal war zwei Stock hoch, die eine Wand war ganz aus Gold- und Silberplatten. Mit bunten Steinen besetzte Vögel waren zu sehen, und Wasser lief in Glasröhren auf und ab. Die andern Wände waren aus rosa Marmor, von innen beleuchtet, es wurde getanzt, und drei Musikkapellen spielten abwechselnd zu gleicher Zeit. Frau Köppke, die Schauspielerin, und ich saßen ganz betäubt in diesem Irrenhaus, und ich sagte: "Es ist erstaunlich, was die Berliner treiben und was sie es sich kosten lassen, nur damit man nicht bemerkt, wie schlecht der Kaffee ist."

Zu uns nach Sievering kommt man nur des Weines wegen, und alle Störungen sind unbeliebt, das heißt, es kommt eigentlich niemand, sondern die Weinschenker trinken sich gegenseitig den Wein weg. Ich lebe seit vielen Jahren hier und bin noch nicht daraufgekommen, von was sie dann eigentlich leben. Aber wir sind anspruchslos und zufrieden in Sievering, und es scheint, daß man nicht viel mehr braucht – um glücklich zu sein.

Den ganzen Sommer wird fleißig in den Weingärten gearbeitet, im Herbst wird der Wein eingeholt. Wenn er süffig ist, wird das Haus frisch gestrichen, und wenn alles vor Sauberkeit blitzt und funkelt, wird der Buschen ausgesteckt, und dann erscheinen die andern Weinbauern, kosten, kritisieren, und dann fangen sie an, langsam, aber anhaltend zu trinken. Dabei werden weise Reden geführt und grausige Geschichten erzählt über einzelne Jahrgänge des Grinzinger Weines.

Es werden fast nur Männergespräche geführt, und wir Frauen spielen hier keine solche Rolle wie sonst in der Welt. Ich habe beobachtet, daß ein Eingeborener nie vom Trottoir hinuntersteigt, wenn ihm eine Frau entgegenkommt (wir sind auf größeren Verkehr nicht eingerichtet, einer muß weichen), und die Frau weicht aus mit erstaunlicher Selbstverständlichkeit.

Ich glaube, es ist der Wein, der den Mann hier freier und unabhängiger macht. Aber Sievering liebt er bedingungslos. Allerdings habe ich einmal erlebt, wie einer sich über sich selbst erhob.

Alle beim Heurigen hatten es auf einen einzelnen abgesehen, er wurde gehänselt und aufgezogen, er war die Zielscheibe aller Scherze. Doch er schwieg und trank, aber auf einmal sprang er auf und schrie: „Laßt mich in Ruh, spielts euch nicht mit mir – mit mir nicht –, ich bin nicht angwiesen auf euch, ich bin ein freier und unabhängiger Mann, ich muß ja nicht dableiben, ich kann hingehen, wo ich will, mir steht die Welt offen! Ich kann leben, wo ich will, und wenn ich will, kann ich auch nach – Döbling ziehen!"

Da verstummte alles, und der Mann lebt heute noch, angesehen und allgemein geachtet, in Sievering.

Wir könnten noch viel ruhiger leben, wenn uns die Städter nicht mit Verordnungen belästigen würden, die absolut nicht zu uns passen.

Da war so eine neue Sache. Betrunkene müssen arretiert werden. Ja, mein Gott, wie stellen sich die Leute so etwas in Sievering vor? Was war also die Folge? Eines Morgens sah ich zwei Wachleute, die ein besonders schweres Exemplar ins Auge faßten. Die Verordnung war neu, und ein Exempel mußte statuiert werden. Sie beschlossen also, einen einzufangen. Das

Fangen war nicht schwer. Der Betrunkene stand in inniger Umarmung mit einem Baum, lehnte seine Wange zärtlich an die harte Rinde und sang laut in den hellen Morgen hinaus. Als sich die beiden Wachleute näherten, ging er ihnen vertrauensvoll entgegen und war sehr erfreut, neue Stützen gefunden zu haben. Er klammerte sich selig lächelnd an seine neuen Freunde. Die beiden nahmen ihn unter die Arme und versuchten, ihn auf das Kommissariat zu bringen. Aber er blieb immer stehen und lallte: „A... aber, meine He... Herrn, bemüh... hen Sie sich net, es geht schon all... allein, na, meine Herrn, das kann ich ja gar... gar nicht annehmen!" und versuchte sich loszureißen, da er das dringende Bedürfnis fühlte, sie zu umarmen und zu küssen. Das sind eben so Gesetze vom grünen Tisch, die vielleicht für den ersten oder zweiten Bezirk passen, aber wie soll die Polizei das riesige Material von Sievering bewältigen? Ich glaube, man hat es auch schon wieder aufgegeben, schon aus dem Grunde, weil die Würde der Wache dabei untergraben wird. Ein Wachmann darf sich nicht im Dienst am hellichten Tag, mitten auf der Straße, öffentlich küssen lassen. Es schickt sich nicht.

Wie ich nach Sievering kam, und die Zukunft von Sievering

Ich wollte mir in der Nähe von Wien eine Sommerwohnung mieten; auf der Suche kam ich auch nach

Sievering, das ich nicht kannte. Ich war sofort bezaubert von den kleinen, niederen Häusern, nicht viel höher als die Wagen der Elektrischen. Hier war noch echtestes, ältestes Alt-Wien, nicht hergerichtet zum Anschauen, hier lebten noch die Menschen wie eh und je. Dort, wo die Straße ganz eng ist, wurde mein Herz weit, ich fühlte ein ganz eigenartiges Heimatgefühl und wußte sofort, hier werde ich bleiben. Es war eine Liebe auf den ersten Blick.

Unweit vom Kugel-Schachinger-Haus ließ ich mich wohnhaft nieder. Das Kugel-Schachinger-Haus steht seit dem sechzehnten Jahrhundert da; drei große Steinkugeln liegen vor dem Hause, die die Türken seinerzeit hierhergeschossen haben. Hunde, die jetzt vorbeigehen, verweilen einen Augenblick und geben ihre Visitenkarte ab, denn sie sind der Meinung, gute Menschen hätten diesen Eckstein zu diesem Zweck hingelegt. Was wissen Hunde von tückischen Türken?

Aus meiner Sommerwohnung wurde eine Jahreswohnung, ich fühle mich hier wohl und geborgen wie nirgends sonst. Eines Tages ging ich mit meiner Mutter spazieren. Da erblickte sie die Kugeln, und eine Erinnerung, längst vergessen, tauchte in ihr auf. „Weißt du, was mir jetzt einfällt? In diesem Hause habe ich einen Sommer lang gewohnt, im Jahre... (aber was, die Jahreszahl ist ganz belanglos), du warst damals noch nicht auf der Welt; bis Ende September bin ich heraußen geblieben, Anfang Oktober wurdest du dann in Wien geboren."

Ich war starr.

Also daher hatte ich das sonderbare Heimatgefühl gehabt? Ich bin schon einmal in Sievering gewesen! Meine Mutter hat es vergessen, und in mir ist die Erinnerung lebendig geblieben. Es gibt doch merkwürdige Dinge im Leben. Viele Menschen werden sagen: „Wie kann man nur so dumm sein und so etwas glauben!" Ich mache mir gar nichts daraus, dumm zu sein – ich glaube es! Es muß auch Dumme geben, Gescheite, die gar nichts glauben, gibt es sowieso genug.

Jetzt wohne ich schon Jahrzehnte hier; ich liebe nicht nur die Gegend, den Ort, die kleinen Häuser, ich liebe die Menschen, die hier leben und die so ganz anders sind als die Wiener. Die Sieveringer haben bessere Nerven als die Städter. Zum Beispiel:

Wir haben natürlich eine Trafik in Sievering – sie liegt nahe an der Straße, sehr nahe, ganz nahe –, kaum ein Meter trennt sie von den vorbeisausenden großstädtischen Verkehrsungeheuern. Es war ein schöner Sommermorgen, die Tür war weit geöffnet, und ich kaufte mir Zigaretten. Da flitzte die Straßenbahn vorbei – das Geschäft, das ganze kleine Haus erbebte und erzitterte von dem Getöse, und ein Gegenstand flog über meinen Kopf hinweg. Ich duckte mich und schloß die Augen, denn ich dachte, das Haus löse sich in seine ursprünglichen Bestandteile auf; aber ich hörte nur einen unwilligen Ausruf, da öffnete ich vorsichtig die Augen: „Was ist denn los?"

„Aber nichts, zehnmal habe ich schon der Zeitungsausträgerin verboten, aus der vorbeifahrenden Elektrischen die Zeitungen in das Lokal zu werfen – das geht doch nicht, die Kunden könnten ja erschrecken!"

Die Sieveringer sind überhaupt widerstandsfähiger. Zum Beispiel:

In besagte Trafik kam eine Frau und erzählte: „Denken Sie sich, was geschehen ist. Geht da gestern mein Mann über die Straßen, schaut net, kommt a Auto, stoßt ihn nieder und fahrt über ihn drüber. Zum Glück ist er so flach gelegen, daß er sich nix brochen hat –, aber voller blauer Fleck ist er, über und über, so was hab i noch net gsehn – so viel a empfindliche Haut hat er, der Mann."

Nur mit dem Essen, da sind sie etwas heikel. Zum Beispiel:

Kommt da zum Selcher ein verhutzeltes altes Männchen und verlangt: „Ein Stückel Gselchtes hätt i gern, aber bitt schön, net fett, recht mager – 's ist so viel schwer, dös Fette – er vertragt's nimmer recht, der Vater."

Aber Hypochonder sind die Sieveringer nicht. Zum Beispiel:

Saßen da drei beisammen und spielten Karten. Irgend etwas erheiterte sie sehr, und der eine gab dem ältesten der Gesellschaft einen kleinen freundschaftlichen Renner, der aber doch so stark war, daß er das Gleichgewicht verlor und vom Sessel fiel, was die allgemeine Heiterkeit noch steigerte. Dann spielten sie wieder weiter. Nach einer Stunde hörte ich: „Sie, Rudolf, gehn S', sind S' so gut und telephonieren S' der Rettungsgesellschaft."

Der Ober sehr erstaunt: „Ja, warum denn?"

„I glaub, i hab ma was gmacht, wie i vom Sessel gfalln bin."

„Sie spieln doch Karten!"

„Na – und?"

„Fallt mir net ein, i telephonier net, was glaubn S' denn, was die sagen möchten von der Rettungsgesellschaft, wann i sag, der Herr, der da Karten spielt, is krank – hörn S' zerscht auf zum Spieln!"

„Na, bis s' kommen, kann i doch spieln?"

„I telephonier net!"

„So lassen S' es bleiben."

Als die Partie zu Ende war, begab er sich nach Hause. Am nächsten Tag stellte der gerufene Arzt – drei gebrochene Rippen fest.

Na – und? (Anmerkung einer Sieveringerin.)

*

Wir haben nicht nur alte niedere Häuser, wir haben auch einzelne hohe Häuser in Sievering. Ich sage „wir", obwohl ich nicht dazugehöre, nie dazugehören kann, denn es gibt hier Weinhauerfamilien, die jahrhundertelang ansässig sind, und ich wohne erst schäbige dreißig Jahre hier, für dieses Leben werde ich mich schon mit der Bezeichnung „A Zuagraste" abfinden müssen. Diese vereinzelten hohen Häuser bergen viel Herzeleid – wie ich aus einem Gespräch beim Heurigen entnommen habe. Es war Zeit genug, es mitzuschreiben, denn die Worte kamen gar langsam von den teils gram-, teils weinerfüllten Lippen der beiden Männer.

„Meine Eltern haben's gut gemeint, sie haben ein Haus baut, drei Stock hoch, mit elf Fenster Gassenfront, aber ein Weinhauerhaus ist das nicht mehr..."

„Seine Eltern soll man ehren..."

„I sag do nix auf meine Eltern, aber a Haus, drei Stock hoch und elf Fenster Gassenfront, ist sein Lebtag kein Weinhauerhaus mehr..."

„Auf seine Eltern soll man nix sagen..."

„Hab i was gsagt? Ich hab gsagt, sie haben's gut gmeint – mir haben jetzt ein großes Haus mit viel Parteien..."

„Es freut mich, daß Sie Ihre Eltern ehren..."

„Aber ein Weinhauerhaus ist das nicht mehr."

„Jetzt, wo die Eltern tot sind, sollten S' nichts auf Ihre Eltern sagen..."

„I sag doch nichts auf meine Eltern, i sag nur, a drei Stock hohes Haus mit elf Fenster Gassenfront ist niemals ein Weinhauerhaus."

„Aber ein Haus ist ein Haus."

„Fünfhundert Jahr sind ma da am Grund, und so lang die Welt besteht, hat a Weinhauerhaus nicht drei Stock und elf Fenster Gassenfront ghabt..."

„Ihre Eltern haben's gut gmeint."

„Gut gmeint haben sie's schon, mir haben jetzt ein großes Haus, aber ein Weinhauerhaus ist es nicht."

„Lassen S' Ihre Eltern in Ruh!"

„I sag nix auf meine Eltern, aber was haben wir von dem Haus, wenn's kein Weinhauerhaus ist?" Er legt, vom Schmerz übermannt, seinen Kopf auf den Tisch. „Wir haben kein Weinhauerhaus mehr – aber gut gmeint haben sie's."

„Na, sehn S'! I hab's ja gleich gsagt." (Dieses Gespräch kann ohne wesentliche Änderung beliebig verlängert werden.)

*

Heute bin ich noch den Römern dankbar, die Weinreben und Nußbäume in Sievering pflanzten. Sie haben schon gewußt, wie gut frische Nüsse zum Wein schmecken. Ob sie schon Heurige hatten und Buschen ausgesteckt haben, vermeldet keine alte Chronik. Alte Chroniken melden überhaupt viele Sachen nicht, weil sie annehmen, das weiß sowieso jeder. Es gibt ein altes Dokument in irgendeinem Archiv über Sievering, in dem vier „amptleute" bestätigen, daß Geld gestiftet wurde der Capelle zu Süfering. (Der alte Name paßt eigentlich besser.) Zum Schluß steht: „der prief ist geben nach Christus gepurt über dreiczehn hundert Jahr." Interessant daran ist die alte Schreibweise, die manchmal noch heute in Sievering vorkommt.

Dann haben wir noch einen alten Einkehrhof „Zur Agnes", wo seinerzeit die Reisenden Wagen und Pferde eingestellt haben und noch eine Nacht verbrachten, ehe sie das letzte Stück gegen Wien bewältigten. Auf diesem Haus ist noch eine uralte Wetterfahne – ein Türke, der mit fliegender Fahne auf Wien zu reitet.

Und in diesen Ort soll jetzt die moderne Zeit einziehen. Alte Häuser sollen niedergerissen und eine breite, prächtige Straße soll gebaut werden. Wir sind in Gefahr! Die Wiener ziehen mit fliegenden Fahnen auf Sievering zu. Sie sagen: die Zeit erfordert es – der Fremdenverkehr... Ich bin wirklich dumm – natürlich die Fremden, die habe ich ganz vergessen.

Ich muß mich einmal als Seherin versuchen und in die Zukunft blicken: Ich sehe! Ich sehe hoch über Sievering ein Flugzeug. Ein fremder „Er" und eine fremde „Sie" sitzen drinnen.

Er sagt (was muß ich da als Seherin hören?): „Darling, siehst du da unten dieses kleine Tal? Es ist gewesen einmal eine reizende kleine Ort, ehe die Römer, die Türken und die Wiener haben hier gehaust."

„Darling, wo sind diese Ort?"

„Er ist nicht mehr, sie haben gemacht eine große,

breite Straße aus ihm, aber einmal haben hier gelebt Menschen in so kleine Haus..."

„Oh, wie süß, Darling – so klein?"

„Sie sind gegangen durch so dünne Straßen..."

„Wonderful."

„Und haben gesungen: ,Ja, ja, der Wein is guat, i brauch kan neuchen Huat...'"

„Darling, oh, wie gut – du machst mich erinnern, ich muß haben einen neuen Hut für heute abend in London, du mußt machen jetzt eine kleine Umweg über Paris."

„Wollen wir nicht hier landen, Darling?"

„O no, ich habe schon gesehen genug schöne breite Straßen."

„Das wird es einmal geben –
Und ich werd nimmer leben – Gott sei Dank!"

Die Polizei und ich

Vor vielen Jahren gastierte ich mit Dr. Egon Friedell in Frankfurt am Main. Als ich nach Wien zurückkehrte, fand ich meine Wohnung fast vollständig geleert vor. Dazugekommen war nur ein Befehl der Polizei, nach Eintreffen mich sofort wegen eines bei mir stattgehabten Einbruches melden zu wollen.

Als ich den nächsten Tag in das Kommissariat kam, saß im Vorzimmer Egon Friedell. Ich rief ganz fassungslos vor Erstaunen: „Ja, was machst denn du da?" Egon erhob sich, kam auf mich zu und flüsterte mir mit einem so glücklich strahlenden Lächeln, wie ich es seither nie mehr bei ihm gesehen habe, zu:

„Bist du auch wegen eines Trunksuchtsdelikts vorgeladen?" Er hat mir die Enttäuschung, die ich ihm damals bereitete, nie ganz verziehen.

In den letzten Jahren ist verschiedene Male versucht worden, in meiner allerhöchst gelegenen Wohnung einzubrechen. Meine Tür zeigt Spuren von Stemmeisen aller Breiten und Größen.

Der erste Einbrecher scheint aus Galanterie gegen mich seinen Kollegen verschwiegen zu haben, wie wenig Wertvolles er gefunden hatte.

Oder er war kein guter Charakter und hat aus Prahlsucht erzählt, er hätte eine goldene Uhr oder dergleichen erbeutet.

Kurz und gut: es ist mir gelungen, die Aufmerksamkeit gewisser Kreise auf mich zu lenken.

In der allerletzten Zeit ist aber die Sache in ein neues Stadium getreten. Unser Haustor wird um neun Uhr geschlossen, um elf Uhr nachts läutet es bei mir.

Ich frage: „Wer ist da?" Keine Antwort. Ich frage nochmals, da sagt einer mit verstellter Stimme: „Kaufen Sie Himbeeren?" – „Danke, nein", antworte ich ganz ruhig.

Aber auf einmal packt mich die Wut, und ich rufe laut: „Glauben Sie, ich weiß nicht, daß es noch gar keine

Himbeeren gibt?" und begebe mich recht verärgert zu Bett.

Über nichts kann ich mich so aufregen, wie über Talentlosigkeit, auf welchem Gebiet immer.

Aber vor einigen Tagen läutet es um die Mittagszeit. Ich frage zwei-, dreimal, wer draußen ist, keine Antwort, und während ich noch überlege, ob man mich für so dumm hält, daß ich doch öffne, oder ob es eine Spekulation auf weibliche Neugier ist, versucht der Betreffende, die Tür mit Gewalt einzudrücken. Es war also kein gewöhnlicher Einbrecher, es war einer, der sich aus eigener Kraft zum Totschläger oder Mörder emporarbeiten wollte. Die Tür hielt stand, aber ich begab mich zwecks Meldung eines fast stattgehabten Mordes zur Polizei.

Mein Freund Franz Theodor Csokor ist über diese Vorgänge äußerst erregt. Er macht mir bisher unbekannt gebliebene große Gesten und sagt: „Ich habe nur einen Wunsch, es würde bei dir eingebrochen, wenn ich in der Wohnung bin. Ich ließe den Einbrecher ruhig sägen, hämmern und feilen, dann öffne ich mit einem Ruck rasch die Tür, damit er in das Vorzimmer fällt, in diesem Moment überwältige ich ihn."

In solchen Augenblicken spricht der Dichter aus Franz Theodor, und er ist dann von sich selbst ganz überwältigt.

Wenn ich nicht dabei bin (wohlweislich!), sagt er: „Zum Glück hat die Lina mich, der sie vor allen Gefahren zu beschützen versteht. Frauen wissen ja nie, was sie wollen."(?)

Dann spricht der Mann aus ihm.

Wenn er aber bei mir ist und es kracht ein Kasten oder ein junger, blöder Spatz fliegt gegen das Fenster, wird er blaß und klammert sich in nervöser Ängstlichkeit an mich; dann ist er einfach ein Mensch wie wir alle.

Es ist ganz gut, wenn manchesmal die Möbel krachen.

Dies nur nebenbei.

Ich begab mich also zur Polizei.

Sofort erklärte man mir dort sehr liebenswürdig und hilfsbereit, daß man leider gegen noch nicht stattgehabte Vergehen nichts machen könne.

Es beruhigte mich aber doch; ich bin einmal so.

Mein Glauben an die Polizei stammt noch aus einer halbwegs annehmbaren Kinderzeit, das heißt aus der noch nicht schulpflichtigen.

Nachher ist ohnedies alles gehupft wie gesprungen, und man kommt aus den Anständen sein Leben lang nicht mehr heraus.

Also in dieser Zeit hatte ich wie alle Kinder eine grenzenlose Bewunderung für „den Wachmann". Er trug damals noch einen blitzenden Mond um den Hals, einen langen Säbel an der Seite und war wunderbar bunt gekleidet. Er war für uns Kinder eine ausgesprochene Märchenfigur, so eine Art gefährlicher Schutzengel.

Nun machte bei unserm Spielplatz ein Wachmann Dienst – anscheinend ein großer Kinderfreund –, der öfter bei uns stehenblieb und Interesse an unsern Spielen zeigte.

Wir liebten ihn heiß, und nun kam das Wunderbare. Er erlaubte mir, mit ihm zu gehen, solange er Dienst hatte.

Und nun gingen wir täglich stundenlang den Donaukanal entlang, auf und ab, Hand in Hand.

Wir sprachen kein Wort, und ich war ununterbrochen stolz und glücklich. Von den andern Kindern glühend beneidet, ging ich mit einem feierlich ernsten Gesicht neben meinem Beschützer und versuchte ebenso lange Schritte zu machen wie er, was ermüdend und anstrengend war, aber die Ehre ließ mich alles ertragen. Es bedrückte mich nur, daß ich durch die abnorm langen Schritte noch kleiner wurde. Ich wollte zugleich stattlich aussehen, was aber leider unvereinbar war.

Dieser Freund meiner Jugend hat mein Vertrauen zur Polizei für ewige Zeiten unerschütterlich gemacht.

Wenn wir so lästige Stücke wie „Faust" spielen, um deretwillen man die letzte Elektrische versäumt (der Goethe hat auch nur so drauflos geschrieben, ohne so wichtige Dinge zu bedenken), und einen langen, einsamen Weg zu gehen hat mit Sätzen im Ohr wie: „Ein großer Kahn ist im Begriffe, auf dem Kanale hier zu sein", wirkt der Anblick eines Wachmannes sehr erfreulich in der einfach-schlichten Prosa seines Daseins.

Zweimal, in besonders gruseligen Nächten, den Kindesmord Gretchens tief verabscheuend, habe ich Wachleute gebeten, mich nach Hause zu begleiten, „weil ich mich fürchte".

Sie taten es immer herzlich lachend.

Wenn sie öfter mit so unangenehmen Menschen, wie dieser Mephisto ist, zu tun hätten, würde ihnen das Lachen schon vergehen.

Ich gehe dann wieder neben dem Wachmann wie in meiner Kinderzeit, stolz und geborgen.

Zur Ehre der Polizei sei es gesagt, aber nicht mehr Hand in Hand.

Ich erzähle natürlich im Konversationszimmer unsres Theaters mein neues Einbrechererlebnis. Über die rohen Scherze meiner Kollegen gehe ich taktvoll hinweg.

Gott sei Dank, der Direktor hört mir ernst zu:

„Und was haben Sie gemacht?"

„Ich bin zur Polizei gegangen."

„Was kann denn die Polizei da machen? In solchen Fällen muß man sich selbst zu helfen wissen."

„Was soll ich tun? Geben Sie mir einen Rat, Herr Direktor!"

„Das ist doch so einfach. Kleben Sie Ihren Gagenzettel an die Tür; das wird genügen."

„Nein, Herr Direktor, das werde ich nicht machen,

das wäre zu arg, ich will ja schließlich auch nicht, daß mir Leute Geld in die Wohnung werfen."

Mein Sommerurlaub

Nach der letzten Vorstellung, direkt vom Theater, reise ich, um nur ja keine Stunde zu versäumen, in die Sommerfrische.

Die Fahrt ist etwas umständlich, nach dreimaligem Umsteigen, durch längere Wartezeiten unterbrochen, jedesmaliger Beanstandung des zu großen Reisegepäcks, lande ich endlich gegen Mitternacht. Im Herbst, in aller Frühe, wenn die Saison beginnt, fahre ich wieder nach Wien zurück.

Der erste Probevormittag wird mit Erzählungen von den verschiedenen Reisen in Kurorte – immer einer mondäner als der andere – hingebracht, bis endlich die Reihe an mich kommt.

„Und wohin reisten Sie?"

„Nach Sievering."

Es ist mir natürlich selbst peinlich, aber was soll ich machen – ich bin nirgends lieber –, es gefällt mir nirgends besser, ich fühle mich nirgends wohler – als in Sievering.

Ich liebe Sievering!

Ich liebe die Gespräche, wenn es heiß ist, daß der Wein verdorrt, wenn es regnet, daß er fault, und daß dieses Jahr viel weniger Wein ist als das vorhergehende Jahr.

Ich liebe unser kleines „Grand-Café"; wie sollte man ein Kaffeehaus nicht lieben, in dem eine Zeitlang täglich zur Jause ein Igel erschien, eine Tasse Milch trank, und wieder in den Weingärten verschwand. Jetzt kommt dieses kluge Tier, das weder Zeitungen las noch zahlte, nicht mehr. Es ist anzunehmen, daß es familiäre Verhältnisse sind, die ihn (sie?) abhalten, in das Kaffeehaus zu gehen.

Ich liebe unser Bad, in dem man drauflosschwimmen kann, ohne Angst, die Orientierung zu verlieren; in dem es mehr Untiefen als Tiefen gibt, und wo der Wienerwald, noch gemischt mit Zwetschken- und Kirschenbäumen, seinen Anfang nimmt.

Wir haben Rehe, Füchse, Marder in Sievering, – einen echten Kastanienbaum, und in der Nähe eine Stadt (Döbling).

Wir haben viele verbotene Wege, besonders im Herbst, wenn die Traube heranreift. Jeder Weg, von dem man aus weiter Ferne einen Weinstock erblicken kann, ist verboten, und die Hüter blasen sehr aufgeregt, wenn man sich bückt, um etwa das Schuhband zu binden.

Ich liebe „Butz von Herzlieb", meinen Freund. „Butz von Herzlieb", der Einfachheit halber „Butz" gerufen, lebt in Sievering, ebenso wie ich. Seiner Rasse nach ist er ein englischer Airedale-Terrier; er hat sich den Sitten des Ortes angepaßt, ebenso wie ich, die ich nur aus Wien zugereist bin.

„Butz" und mich verbindet Wahlfreundschaft, er gehört ebensowenig mir, wie ich ihm.

Hunde, ob aus England oder nicht, haben die Eigenschaft, nicht nach dem Himmelsgewölbe zu blicken, ihre Interessen sind mehr erdgebunden.

Aber „Butz" hat entdeckt, daß sich zwischen Himmel und Erde Dinge befinden, von denen sich die Schulweisheit der Hunde sonst nichts träumen läßt.

Bei manchen Häusern sind Stangen ausgesteckt, auf denen ein Buschen hängt, die man beachten muß, sie haben etwas zu bedeuten!

Vor solchen Häusern bleibt „Butz" stehen und wedelt erfreut, nur unwillig geht er vorbei an diesen lieblichen Gaststätten, wo oft Schinkenbeine und Wurstenden nur so im Gras herumliegen.

Würde man allen seinen Aufforderungen, dort einzukehren, Folge leisten, sähe man bald viele kleine weiße, wedelnde Mäuse.

„Butz" und ich lieben unsern Bach, ich will nichts gegen unsern Erbsenbach sagen, er ist ein braver, ordentlicher Bach, aber „Butz" will durchaus in ihm baden – und das wenigste an dem Bach ist das Wasser.

Jeden Tag stürzt sich „Butz" mit großem Freudengeheul in seine Fluten.

Es ist wirklich ergreifend zu sehen, wie der arme Hund, sich bald auf die eine, bald auf die andre Seite legend, abmüht, ein wenig naß zu werden. Nur wenn er, sich querlegend, eine Art Talsperre erzeugt, staut sich der Bach erstaunt, um, wenn „Butz" ihn über und über betaut verlassen hat, erschrocken weiterzurasen.

Es ist wirklich nichts gegen den Erbsenbach zu sagen, er verläßt nie seine Ufer, auch bei den stärksten Regengüssen nicht, da können die Bewohner von Sievering ruhig schlafen. Nebenflüsse hat er keine, und wenn es regnet, wird er eben naß, was menschlich begreiflich ist.

Nun birgt aber dieses friedliche Gewässer in seinem Gelände „Butz" Todfeinde. Wenn „Butz", den Bach verlassend, plötzlich stillsteht, alle vier Beine so weit wie möglich von sich streckend, jede Bewegung ängstlich vermeidend, leise winselt, ist es sicher: an seinem Bauche klebt eine – Klette!

Kletten sind für „Butz" unheimliche, gefährliche Tiere, zupft man sie ihm ab und wirft sie weg, stürzt er sich auf sie, fest entschlossen, diese Ungeheuer zu töten.

Die Oberlippe nach oben gezogen, schnappt er wild im Kreis um sie herum, ohne es zu wagen, sie zu berühren. Dann legt er den Kopf schief auf die Erde, das Hinterteil hoch in die Luft gestreckt, belauert er sie schielend. Er täuscht Uninteressiertheit vor, nur um sie in Sicherheit zu wiegen. Da es aber oft lange dauert, bis die Klette Anstalten macht, fortzulaufen, seufzt er tief; rollt nun die Klette, durch den Lufthauch bewegt, ein wenig, stürzt er sich auf sie, packt sie vorsichtig mit den Zähnen, die Lippen weit zurückgezogen, und wirft sie in die Höhe.

Wehe, wenn sie auf seinem Kopf landet, er rast dann in die Ferne, um der Gefahr, gebissen zu werden, zu entgehen.

Hat er sie dann endlich mit der Pfote abgestreift, klebt sie an der Pfote. Versucht er sie mit der Hinterpfote von der Vorderpfote loszureißen, klebt sie auf der Hinterpfote, zieht er das Hinterbein ein, klebt sie wieder am Bauch; da er aber keinen Schritt mit einer Klette am Bauche gehen würde, muß sie ihm wieder abgenommen werden, und das Spiel beginnt von neuem.

Er ist fest entschlossen, diese lästigen Tiere auszurotten, eine Katze, die sonst unter allen Umständen verjagt werden müßte, könnte ruhig vorbeigehen, so fanatisiert ist er.

„Butz" ist jedermann gegenüber so freundlich eingestellt, daß Zweifel an seiner Wachsamkeit auftauchten. Seine Herrin und ich beschlossen daher, ihn auf die Probe zu stellen.

In einem Männerhavelock und mit einer gefährlich aussehenden Mütze stieg ich leise durch das offene Fenster, und seine Herrin stieß wie verabredet einen Schrei aus.

„Butz", der fest geschlafen hatte, erschrak furchtbar.

Als ich mit drohenden Gebärden auf seine Herrin losging, warf er sich zwischen uns, äußerst verzweifelt, und beendete schließlich diese unerquickliche Szene, indem er sein Frauerl heftig in die Wade zwickte.

Zur Belohnung gingen wir mit ihm zum Heurigen.

Ich liebe die Betrunkenen, die die Gesetze der Schwerkraft und der Anziehungskraft so durcheinanderbringen, daß das Gleichgewicht schwankend wird und sich nicht mehr auskennt.

Ich liebe die philosophischen Gespräche beim Heurigen.

Alle Probleme des Lebens werden dort besprochen – nicht immer streng logisch, aber immer originell, immer echt österreichisch, künstlerisch verspielt –, und bestimmt tiefer als alle Brunnengespräche der feinsten dahinwandelnden Kurgäste.

Die Gespräche verhalten sich wie Wasser zu Wein.

Meiner Erfahrung nach handeln sie dort in der Hauptsache von Devisen, Kursen und Politik; nicht so bei uns.

Oder kann man sich vorstellen, daß ältere Herren in Gastein solche Gespräche führen:

„A Weib könnt mi a nimmer glücklich machen, a Hausmeisterin vielleicht, es ist anzunehmen, daß s' a fesche Figur hat – aber es is halt kein Unternehmungsgeist mehr bei uns, und so war es immer."

Und der andre darauf sagt:

„Aber so a Pechvogel, wie i bin, war no net da. Denken S' Ihnen, voriges Jahr hätt i die goldene Hochzeit feiern können, und i hab drauf vergessen!"

Oder daß ein Mensch an der Riviera unter Palmen dahinwandelt und vor sich sagt:

„I vertrag mein Leben net länger. Das Leben ist nicht länger wert, daß i leb. Was is denn schon dabei, wenn so eine Kleinigkeit wie i net mehr lebt – meine Jahre sind gezählt –, höchstens ein Viertel trink ich noch! Meine Schwägerin tröst mi immer und sagt, der liebe Gott wird's schon machen! Mein Gott, der hat's ja heut auch nicht leicht bei die schweren Zeiten."

Oder würde ein Spanier in einem spanischen Seebad sagen:

„Señor, jetzt san S' ruhig, i lass' mi net beleidigen von Ihnen, das möcht i mir denn doch verbieten lassen!"

Aber auch theologische Gespräche kann man hören, wenn die Nacht klar ist, der Mond schon hoch am Himmel steht und nur ab und zu eine Nuß auf den Tisch knallt, weil ein Spatz sich im Schlaf umgedreht hat.

„Sehn S', i bet jeden Abend an Vaterunser für mei Mutter, an für mein Vater, an für mein Buam, an für mein Firmgöd, an..."

„Ah, dös is mir viel zu umständli, i bet an Schippel Vaterunser, soll si a jeder nehma, so viel er braucht!"

Was gibt es da von Sievering und seinen Bewohnern nicht alles zu erzählen.

Ein Sieveringer wird Doktor

Es herrschte große Aufregung.

Ein Bienenvolk, dem plötzlich die Königin abhanden gekommen, könnte nicht mehr summen und surren, als in Sievering gewispelt und getuschelt wurde. Es hatte sich aber auch etwas ganz Besonderes ereignet.

Der einzige Sohn aus einem reichen Weinbauernhaus, angehender Doktor, bar aller Lebenssorgen, verwöhnt und heiß geliebt von seinen Eltern, war plötzlich ausgezogen – nach Wien.

Der fesche junge Herr – der Stolz des Hauses – war weg. Mit Koffern und Bücherkisten war er fort für immer. Hätte er sonst die Skier mitgenommen, jetzt im Mai? Und niemand im Hause wußte, wohin und warum. Nicht einmal die Hausmeisterin!

Sein Werdegang wurde von Kindheit an von allen verfolgt, sein Lebenswandel stets überwacht und als einwandfrei befunden, und jetzt war man auf reine Vermutungen angewiesen – das war nicht recht! Es hatte sich etwas ganz „Einmaliges" abgespielt, oder sollte es sich doch schon einmal ereignet haben, daß ein armes und sehr, aber schon sehr einfaches Fräulein Anna und ein reicher, studierter Hausherrnsohn Gefallen aneinander gefunden hatten? Es war der Frühling, der die Offensive ergriffen hatte, und der Sohn stellte ein Ultimatum. Der Krieg brach aus.

Die Soldaten, Vater und Sohn, standen einander kämpfend gegenüber – die Mutter verhielt sich neutral. Der Vater war stark im Vorteil, er hatte die ganze Munition. Der Sohn war nur gewappnet mit dem Mute der Jugend.

„Ja, Annerl ist arm und sehr schlicht, ist es ihre Schuld?"

„Du bist reich und gebildet, ist es dein Verdienst?" meinte der Vater.

„Eben", sagte der Sohn und verließ das warme Nest, oder besser das Schlachtfeld, nackt und bloß (nur eine Redensart), fest entschlossen, sich Sturm und Wetterunbill des rauhen Lebens auszusetzen. Mit Anna an seiner Seite und dem Frühling vor Augen würde er schon beweisen, daß er sich aus eigenem Verdienst zu behaupten wisse.

Der Vater tobte, die Mutter blieb still und in sich gekehrt, obwohl sie fast ihren ganzen Lebensinhalt verloren hatte. Ihr Leben bestand im Betreuen und Verwöhnen ihres geliebten Sohnes Augustus. In der Früh wurde ihm der Kaffee und die Zeitung (am Samstag die Wochenausgabe) an das Bett gebracht. An Regentagen wurden die Semmeln frisch aufgeröstet. Dann kamen die Beratungen, was für den Mittag gekocht werden sollte: Welches Frühlingsgemüse? Kirschenstrudel? Während er badete, wartete schon der Raseur. Hatte Augustus das Haus verlassen, wurde der Anzug vom Tage vorher geklopft, gebürstet, feucht gebügelt, denn in diesen Dingen war ihr Sohn äußerst heikel.

Ihr Mann? Dem war das alles gleichgültig. Ob der Salat aus Kipflern oder runden Erdäpfeln, ob der Strudel mehr oder weniger dünn ausgezogen war, ja er konnte nicht einmal ein Scherzel von einem Hieferschwanzel unterscheiden – für den war Rindfleisch Rindfleisch –, so ein Mann war das. Aber Augustus, der brauchte nur an der Wäsche zu riechen, um zu wissen, ob sie im Freien oder auf dem Boden getrocknet worden war, der hatte volles Verständnis für alles, was eine gute Hausfrau zutiefst bewegt; es war ein Sohn, der das Leben einer Mutter ausfüllen konnte. Alles wurde besprochen, beraten, befolgt und belobt. „Die Handschuhe sind diesmal sehr weich gewaschen, die Krawatten gut gebügelt." – Und jetzt war er fort!

Einige Monate waren schon vergangen – der Frühling hatte sich längst schuldbewußt verzogen –, und niemand wußte etwas von den beiden. Die Eltern hatten keine Nachricht, der Verzweiflung wehrlos preisgegeben – die Hausmeisterin magerte sichtbar ab. Da ging der Vater heimlich auf die Polizei. Als er die Adresse erfahren, schlich er eines Abends um ein Haus, in der Hoffnung, die dortige Hausmeisterin zu erwischen und auszufragen, was ihm auch ohne weiteres gelang.

Er wagte zunächst gar nicht, seiner Frau die ganze niederschmetternde Wahrheit zu gestehen. Da sie aber bei der Mitteilung, daß Augustus anscheinend gesund sei, so vergnügt wurde, fand er den Mut, alles zu erzählen, was er erfahren hatte. Die beiden wohnten in einem möblierten Kabinett. Sie hausten, wohnen wäre nicht ganz richtig ausgedrückt, denn sie versuchten, dort Wirtschaft zu führen. Mühsam, durch Stundengeben, verdiente der junge Herr den Unterhalt. Freilich, ab

123

und zu mußten doch Sachen verkauft werden, Bücher, Frack und Smoking hatten schon daran glauben müssen. (Die Hausmeisterin wußte viel, aber nicht alles.)

Augustus mußte jetzt zeitig aufstehen, und während er sich – jetzt selbst – rasierte, kochte Anna auf einem Schnellsieder den Kaffee, die Marke war nicht erstklassig. Dann putzte er sich Anzug und Schuhe – das Eisen zum Bügeln der Hosenfalten mußte sehr umständlich auf dem Schnellsieder gewärmt werden. Dann begab er sich aus dem Hause, um nach mühseliger Arbeit zum Mittagessen (gekocht auf dem Schnellsieder) heimzukehren. Nachmittags lernte er, und am Abend gab es kaltes Essen und eine Tasse Tee, gekocht auf dem Schnellsieder. Er begann diesen Schnellsieder zu hassen, so fanatisch, daß er oft ohne Frühstück fortging. Bald fand er auch eine Ausrede, um über Mittag auszubleiben; als er aber auch anfing, das Abendessen zu versäumen, war es klar, daß etwas nicht in Ordnung war.

Da er nicht nur an Tagen, an denen die Wäsche zum Trocknen auf Stricken im Kabinett aufgehängt war, fernblieb (was noch zu verstehen gewesen wäre), schöpfte Fräulein Anna Verdacht. Sie war nicht gewillt, sich diese Behandlung gefallen zu lassen, sie machte Bemerkungen, schärfere Andeutungen, später Szenen.

Fräulein Anna begann zu spionieren! Diese Nebenbuhlerin, anscheinend besser behaust, mußte gefunden und im äußersten Falle gebeutelt werden; dies war ihr

Ziel, aufs heftigste gewünscht. Und sie entdeckte „sie". Sie entdeckte alles.

Augustus hatte sein Vaterhaus nicht mehr betreten, aber da kam Mutters Geburtstag, den er immer mit ihr verbracht hatte. So schlich er sich zu einer Zeit, da er den Vater im Kaffeehaus wußte, zu ihr nach Sievering. Die Mutter freute sich über alle Maßen, sie fand, er sähe ausgezeichnet aus, und wäre sehr gekränkt gewesen, wenn er es ausgeschlagen hätte, eine Tasse Kaffee mit ihr zu trinken.

Oh, dieser Kaffee! Er trank in ganz kleinen Schlukken, ließ sich aber nicht das geringste anmerken, daß er alle Englein vor Entzücken singen hörte. Er fand die neue Art, den Gugelhupf zu bereiten, gut. Die Mutter freute sich sehr, daß er es gleich gespürt hatte – endlich wieder einmal ein Mensch, der Verständnis hatte für ihre Vervollkommnung –, und er ging nicht, ohne das Versprechen gegeben zu haben, an *seinem* Geburtstag wiederzukommen.

Das Essen an seinem Geburtstag war einfach unübertrefflich. Es wimmelte nur so von Lieblingsspeisen. Als er fortging, hatte er leider seine Handschuhe dort vergessen, so daß er gezwungen war, wieder hinzugehen.

Als er wiederkam, fand er seine Handschuhe schön weich gewaschen vor, so wie er es liebte. Er war so gerührt, daß er sich setzen mußte und ein Stück kaltes Brathuhn mit Mayonnaise aß. Die Mutter erzählte von ihren häuslichen Begebenheiten – kein Wort über seine

Angelegenheit, nur manches Mal warf sie ein: „Aber das wirst du ja jetzt zu Hause alles besser haben." Er lächelte süßsauer und unterdrückte alle tiefen Seufzer. Sie erzählte, sie hätte von einer Jagd eine Menge Rebhühner bekommen, aber zwei Leute könnten sie nicht aufessen, und ob sie verderben sollten? Er esse doch Rebhühner gern (o Gott!), ob er ihr nicht den Gefallen tun würde, ihr aus der Verlegenheit zu helfen, schließlich bekäme man doch nicht jeden Tag Rebhühner geschenkt – und ob er schon heuer welche gegessen habe – aber sicher –, er liebe sie doch so, und so weiter – und er kam. Er kam oft und immer öfter.

Zu Hause saß Fräulein Anna allein bei ihrem Schnellsieder und weinte; weniger weil sie August verloren hatte, sie weinte, weil ihr jede Möglichkeit genommen war, jemand zu beuteln. So beschloß sie, wenigstens der Mutter einen Brief zu schreiben, der sich gewaschen hatte, und nachdem sie lange über eine passende Anrede nachgedacht hatte, begann sie:

„An eine Hausbesitzerin!

Ich würde mich schämen, als reiche Frau einem armen Mädchen den eigenen Sohn wegzuschnappen, nur weil Sie besser kochen können.

Wissen Sie was? Magerieren Sie sich Ihren August ein, damit er nicht sauer wird!

Ich verzichte hochachtungsvoll

Anna."

Nun hatte die Mutter ihren Sohn wieder, und diesmal für immer, ihm war jede Lust vergangen, sich wieder irgendeinem Abenteuer auszusetzen. Aber etwas sehr Gutes hatte dieses Jugenderlebnis doch gehabt: Er studierte fertig, wurde Doktor Juris, schließlich Richter – und als solcher hatte er immer Verständnis für arme Leute. Er selbst lebte tadellos korrekt, ein Hagestolz, wie aus dem Ei gepellt. Blieb bis in sein spätes Alter dem kultivierten Essen treu, war außerordentlich gewissenhaft, pünktlich und wegen seiner Genauigkeit zwar ein wenig gefürchtet, aber wegen seines guten Herzens allgemein beliebt und geschätzt.

Niemand hätte geglaubt, daß es einmal eine Zeit im Leben des feinen Herrn Hofrates gegeben hat, in der er in persönliche Berührung mit dem Tröpferlbad gekommen war, von einem Schnellsieder ganz zu schweigen. Wer dachte noch an diese Zeit? Er sicher nicht, als er eines Morgens, früher als es die Amtszeit geboten hätte, im Grauen Haus erschien, um noch einige Akten vor der Verhandlung durchzulesen – und plötzlich das Gleichgewicht verlor, ausrutschte und sich gerade noch an dem Türpfosten festhalten konnte. Auf dem nassen Boden, den eine säumige Aufwaschfrau scheuerte, wäre er fast zu Fall gekommen.

„Entschuldgen schon – Jessasmaria – der Gustl!"

Ein Ausruf, der den Herrn Hofrat zu Eis erstarren ließ. Es war das ehemalige Fräulein Anna – aber nicht eine –, es waren zwei oder drei Annerln geworden.

„Ja, was machst denn du da?"

Der Herr Hofrat sah sich ängstlich um, aber es war niemand in der Nähe; er stammelte: „Wie geht es dir?"

„Na, wie's am halt gehen kann bei den Zeiten, mein Mann verdient net viel, sechs Kinder brauchen was, da hilf ich halt da aus." Sie erhob sich jetzt vom Boden, weit und breit anzusehen. Nun sagte der Herr Hofrat etwas, was er besser nicht gesagt hätte: „Wie du ausschaust, so dick!" Sie stemmte sofort beide Arme in die Hüften. „Na, wie soll i denn ausschaun, glaubst, i hätt jung und dünn bleiben sollen, bis du wiederkommst? Na, wie glaubst denn, daß du ausschaust, du alter, zsammputzter Zwetschkenkrampus? Wern ma erst sehn, wenn wir beide amal vor unserm Richter stehen, wer von uns zwei..."

Der Herr Hofrat hatte die Flucht ergriffen.

Erst als er abends in seinem Bette lag und das Licht ausgelöscht hatte, wagte er es, wieder an diese Begegnung zu denken. Was hatte sie gesagt? Zwetschkenkrampus? Und wenn wir einmal beide vor unserm Richter stehen? Er hatte keine Angst – viele arme Leute werden für ihn Zeugnis ablegen, daß er immer so mild gewesen, wie es das Gesetz nur irgendwie zuließ; sie freilich hatte sechs Kinder – und er? – Ja, es ist nicht leicht, Richter zu sein, und niemand wußte dies besser als er.

Dann schlief er ein und träumte, er sei in Pension gegangen, und der Kaiser verlieh ihm in Anerkennung seiner Verdienste den erblichen (!!!) Adel und überreichte ihm ein schönes Wappen. Ein rotes Herz mit einem Querstreifen, bestehend aus sechs goldenen Schnellsiedern.

Schneidermeister aus Wien

Er kam vom Land, aus einer flachen Gegend, deren Flora zumeist aus Hopfen bestand. Um ein großes Brauhaus gruppierte sich mehr oder weniger malerisch das Dorf, in dem er seine Jugend verlebte und das Handwerk des Schneiders lernte. Er heiratete jung, übergab seiner Frau das kleine Anwesen und ging nach Wien.

Sein Ehrgeiz war, wenn er einmal aus Wien zurückkehren sollte, gegenüber dem Brauhaus ein Geschäft zu eröffnen mit einer Firmentafel, auf der groß und deutlich zu lesen war: „Schneidermeister aus Wien." Zu diesem Zweck wurde er Geselle bei einem Wiener Schneider, um den letzten Schrei der Mode, „Ternje Krieß", wie er es nannte, zu lernen.

Bald fühlte er sich so weit; und um die Sache ordentlich auszuprobieren, eröffnete er einen eigenen Laden. Warum, weshalb, wieso gerade in Sievering, war nicht klar. Vielleicht weil dort gerade ein billiger kleiner Laden frei war – denn der Laden war klein. Drei Stufen hinunter, drei Schritte geradeaus, drei Schritte rechts oder links – das war alles. Aber die einzige Tür, die Eingang und Ausgang war, hatte einen Rolladen, und über der Tür war Platz genug für die Tafel. Leider konnte er nicht schreiben: „Schneidermeister aus Wien", da er ja in Wien war. Und „Schneidermeister vom Land" wäre ja ganz apart gewesen, aber das war es ja gerade, was er unter keiner Bedingung sein wollte.

Mit dem Wein wurde er bald vertraut, immer vertrauter, man kann schon sagen: intim.

Jeden Abend erschien er beim Heurigen und erzählte von seinem Anwesen, seiner jungen Frau und daß er bald in seine Heimat zurückkehren werde. Über diese abendlichen Gespräche vergingen so zwanzig bis dreißig Jahre. Die Gespräche blieben immer gleich – die Frau immer gleich jung, nur das Anwesen vergrößerte sich in seiner Vorstellung von Jahr zu Jahr.

Was soll man da viel erzählen – er hat sich versoffen. Seine Nase wurde rot und röter, und aus dem Schneidermeister wurde ein Flickschneider.

Er arbeitete tagsüber nicht mehr, als er für den Abend brauchte. Er wurde eine allgemein bekannte Persönlichkeit, voll Eigenarten. Abends und nachts begrüßte er jeden Menschen, ob bekannt oder nicht, stürmisch voll jubelnder Freude. Tagsüber stellte er das Gleichgewicht (wörtlich und bildlich zu nehmen) wieder her und grüßte niemand.

War er voll des guten Weines, durchzog er unsre stille Hauptstraße laut gröhlend, bis er an irgendeinem

Hindernis Halt fand, den Halt verlor, zu Boden sank und einschlief. Lag er sehr im Weg, so schleppten ihn die Heimischen weg und lehnten ihn vor sein Geschäft.

Die Wache auf ihrem Dienstweg vollendete dann das Liebeswerk. Sie öffnete den immer unversperrten Rolladen und schob den Guten, wie es gerade kam, stufenabwärts. Noch ein achtsamer Blick auf eine Hand oder ein Stück Bein, und rasselnd schloß sich der Laden hinter dem fest schlummernden Zecher.

Das Geschäft fing an, schlecht zu gehen; es wurde ihm immer seltener kostbare Sieveringer Herrengarderobe anvertraut. So wurde er einmal nach Neustift am Wald berufen, um einer Hose Grund und Boden zu erneuern.

In Neustift angekommen, war er sehr erstaunt über die gute Qualität des dortigen Weines. Er kostete da, er kostete dort, hüben und drüben. Darüber wurde es Nacht, der Weg nach Sievering war weit, und es regnete in Strömen.

Er kämpfte heftig gegen Wind, Wetter und Wein; in der Hand hielt er krampfhaft das Ende eines Hosenbeines, alles andre schleppte er hinter sich her, über Stock und Stein. Ab und zu wickelte sich etwas um seine Beine, irgendein rätselhaftes Hindernis, auf dem er dann schimpfend und fluchend herumstampfte.

Der Besitzer der Hose erhielt nach Wochen zu seinem großen Erstaunen anstatt einer langen Hose ein kurzes Kniehoserl zurück.

Der Meister schwor hoch und teuer, daß er erst am nächsten Morgen gesehen hätte, daß sich die Hose ja in einem unreparierbaren verstümmelten Zustand befunden hätte.

Solche und ähnliche Begebenheiten verleideten ihm den Aufenthalt in seiner Wahlheimat. Er begann beim Heurigen zu schimpfen – über Wien und die Wiener –, was aber niemand weiter aufgefallen wäre, da es ja eine Wiener Sitte ist.

Aber er ging zu weit. Er nannte den Wein ein Gesöff und lobte das edle Bier. Er schimpfte auf die blöden Hügel, die nur die Aussicht verstellen. Er schimpfte auf die Obrigkeit, kurz, es kam so weit, daß er einige Tage in einer Zelle – die zwar größer und freundlicher als sein Laden war – verbringen mußte. Dadurch einmal vollkommen nüchtern, beschloß er – und führte es auch aus –, auf das Land in seine Heimat zurückzukehren.

Nach Sievering brachte jemand noch einmal Kunde über weiteres Geschehen.

Zurückgekehrt in das Dorf, war der Schneider tief enttäuscht von der Kleinheit seines Anwesens, von der Flachheit des Landes, wo zwar die Aussicht nicht durch Hügel verstellt war, wo es aber auch nichts zu sehen gab; aber am tiefsten war er enttäuscht vom Alter seiner jungen Frau.

Sich ganz und gar als Großstädter fühlend, führte er wieder unbeliebte Reden. Über Bier im allgemeinen und über Gscherte im besonderen. So daß sich auch die dortige Obrigkeit genötigt sah, ihn einige Tage in Obhut zu nehmen.

Was weiter mit ihm geschehen ist, meldet die Geschichte nicht. Es wird zwar in Sievering erzählt – aber das ist sicher nicht wahr –, er sei in den Himmel gekommen und habe den Nektar als ungenießbares süßes Gschlader in die Wolken gespuckt.

Aber das ist nur so ein Sieveringer Tratsch!

Das Landesgericht und ich

Es war so: Eines Tages läutete es, und der Briefträger übergab mir ein zusammengefaltetes Papier, auf dem groß und deutlich zu lesen stand: „Landesgericht." Ich drehte das diskret geschlossene Dokument hin und her und begab mich damit in die Küche.

Bei überraschenden Überfällen des Lebens setze ich mich immer in die Küche, um nachzudenken. Ich habe schon einmal einen Psychoanalytiker gefragt, wodurch diese merkwürdige Eigenart bei mir entstanden sein könnte. Er sagte:

„Es hat immer Leute gegeben, denen beim Schreibtisch nichts einfällt." Die Lösung hat mir gar nicht gefallen, dazu brauchte ich doch keinen Seelenarzt – die Antwort hätte mir jeder Freund gegeben.

Also wie die Sache immer sei, ich saß in der Küche und dachte nach: Landesgericht? Ich durchforschte mein Gewissen. Es ist wahr, ich habe gestern den Mistkübel im Hof nicht ganz geschlossen, was streng verboten ist..., nicht meine Schuld, bitte, er war zu voll und ging einfach nicht zu: aber Landesgericht?

Es ist wahr und bedrückt mein Gewissen schwer, ich habe meine Rolle noch nicht gelernt: aber Landesgericht?

Und dann: eine alte Sache – vor einem Jahr ist mir ein kleiner Waldvogel zugeflogen und wohnt seither unangemeldet bei mir, vielleicht hätte ich ihn auf die Polizei tragen müssen? Aber er läßt sich nicht fangen, ich kann doch nicht auf die Polizei gehen und sagen: „Bitte, kommen Sie zu mir und entfernen Sie meinen Fund", obwohl ich es diesem zudringlichen Finken vergönnt hätte, mit Schimpf und Schande von der Polizei in den Wald zurückgeführt zu werden!

Mich selbst sah ich schon im Landesgericht sitzen – bei Wasser und Körndln, jeden Sonntag zwei fette Mehlwürmer als Zubuße –, da ich noch nie bei Gericht gewesen, waren meine Vorstellungen natürlich falsch und durch Lektüre vollständig verbildet.

Als ich aber den Bogen auseinanderschlug, stand da ganz schlicht: „Als Zeugin."

Einige Tage später begab ich mich, stark in meinem Selbstbewußtsein gehoben – das Landesgericht bedurfte meiner –, um neun Uhr früh zu Gericht. Ich wurde in ein Zimmer gewiesen und ersucht, zu warten, bis ich gerufen würde. Zunächst war ich sehr enttäuscht. Es war ein ganz gewöhnliches Zimmer, in dem ein Diener knurrend und fluchend versuchte, in einem Ofen Feuer zu machen. Wie sollte man sich da nicht heimlich fühlen bei einem so von Kindheit auf gewohnten Vorgang – ein Ofen, der um nichts in der Welt brennen will!

Es ist mir immer ein Rätsel gewesen, wie eigentlich ein Brand entsteht, wenn man bedenkt: Jemand baut einen Ofen mit listig angelegtem Luftzug – man ballt selbst kunstvolle Papierknödel, spaltet zarte Holzspäne, legt sie kunstvoll kreuz und quer, darauf etwas kräftigeres Holz, dann zwei, drei kleine glitzernde Kohlenstückchen – mehr wie zur Zierde – darüber; dann zündet man an, erhebt sich, befriedigt, alles getan zu haben, was das Feuer zu verzehren liebt, und wartet. Aber kein knisterndes, heimlich anmutendes Krachen und Grammeln hebt an – Totenstille –, man schaut hinein, ein Stück verkohltes Papier fällt heraus, man zündet wieder an, man legt sich auf den Boden und bläst hinein, man streichelt den Ofen –, man reißt wütend alles wieder heraus. Spiel von vorn! Nichts!

Aber in Freiheit, da brennen Steinhäuser wie Zunder – wenn ich sehr reich wäre, würde ich einmal um ein Haus herum einen riesigen Ofen bauen und Preise aussetzen, wem es gelingt, ein Haus in Brand zu stecken –, da ich aber nicht reich bin, muß ich mir diesen Wunsch versagen, man muß sich im Leben bescheiden lernen.

Es ist auch sehr nett, dabei zu stehen und Anweisungen zu geben, wenn jemand andrer einheizt. Das tat ich, aber der Diener legte keinen Wert auf meine geistige Hilfe, er sagte: „Scho gut, probiern S' amal!"

Ich war eben im Begriffe, den Ofen sachgemäß auszuräumen, als ein Herr die Tür öffnete: „Die Zeugin Frau...", weiter ist er nicht gekommen, ehe er den vor Erstaunen weit geöffneten Mund geschlossen hatte, war ich im Nebenzimmer eingetreten.

Hier war es schon feiner. Einige Herren saßen an einem langen Tisch, der mit grünem Tuch überzogen war, und blickten gespannt meinen Aussagen entgegen; wenn ich aufrichtig sein soll, so sahen sie mehr erstaunt auf meine bedreckten Hände. In der Ansicht erzogen, daß Arbeit nicht schändet, blieb ich unbefangen.

Überhaupt, ich muß es selbst sagen, war ich der Situation nicht gewachsen. Der ganze Vorgang war zu ungewohnt für mich. Wenn ich sonst in meinem Beruf so exponiert hinausgestellt werde, wird alles wochenlang probiert. Ich weiß genau, was der andre fragt, was ich zu antworten habe, und vergaß ich es, wird es mir liebenswürdigerweise zugeflüstert – jemand sagte mir, Sie stehen da, heben jetzt die linke Hand, sehen dabei nach rechts, und vieles mehr.

Und jetzt stehe ich da ganz Hudriwudri im Landesgericht. Zum Glück war keine Presse da, sonst wäre den nächsten Tag in der Zeitung gestanden: „Unzulänglich war die Rolle der Zeugin besetzt."

Der Herr, der in der Mitte des Tisches saß, sagte: „Sie wissen, Sie haben die reine Wahrheit zu sagen, ohne zu übertreiben oder etwas dazuzusetzen." Ich stutzte und sagte wahrheitsgetreu: „Verzeihen Sie, aber niemand auf der Welt weiß die reine Wahrheit – gerade ich soll sie wissen? Ich werde nach bestem Wissen und Gewissen alles sagen, aber ohne zu übertreiben kann ich auch nicht – es ist wider meine Natur."

Die Herren schmunzelten ein wenig.

„Sie werden von einem Ehepaar (Sieveringer Sommerfrischler!!!), das jetzt getrennt im Ausland lebt, als Zeugin geführt, daß diese Ehe keine glückliche gewesen sei; was wissen Sie über diese Ehe?"

Ich sagte, daß man in eine Ehe nie hineinschauen könne, daß es auch gar keinen Sinn hätte, da die Eheleute sich selbst nicht auskennen, und daß ich mich prinzipiell nicht in Sachen mische, die mich nichts angehen.

Der Herr runzelte die Stirn. „Hier müssen Sie aussagen, Sie werden als einzige Zeugin geführt."

„Gut", sagte ich – denn ich bin nicht so.

„Sie haben den Mann und die Frau gekannt?"

„Ja."

„Sie sind also Zeuge dieser Ehe gewesen?"

„Nie! Ich kenne sie nur vom Kaffeehaus."

„Was hat die Frau über ihren Mann gesagt?"

„Sie hat einmal gesagt, er ist blöd."

Der Herr zu einem andern Herr: „Bitte, schreiben Sie!"

Ich zu dem Herrn: „Und bitte, schreiben Sie auch

dazu, daß ich noch nie eine Frau kennengelernt habe, die das nicht zu ihrem Mann einmal gesagt hätte."

Der Mann in der Mitte: „Das schreiben Sie nicht!"

Ich: „Dann darf er gar nichts schreiben!"

Der Herr erkennt, daß er eine Anfängerin vor sich hat und sagt sehr milde: „Was soll also in das Protokoll geschrieben werden?"

„Die reine Wahrheit, Herr Richter."

(Es wird nichts geschrieben.)

„Was hat der Mann für Äußerungen über seine Frau gemacht?"

„Er meinte, sie sei keine gute Hausfrau und verbrauche zuviel Geld, aber ich will nichts gesagt haben, wenn einer von den Herren einen Mann kennt, der das noch nicht über seine Frau gesagt hat..."

(Es wird nichts geschrieben.)

„Haben die Eheleute, als sie ihren gemeinsamen Haushalt auflösten, gestritten?"

„Sie haben nicht gestritten, sie hatten nur eine Differenz wegen des Kindes. Aber schon einen Tag später sagte mir die Frau, es sei schon alles in Ordnung und sie hätte das Kind einfach gegen den großen Speisezimmerteppich eingetauscht."

Da sagte der Herr: „Sie scheinen keine besondere Eheverehrerin zu sein, Sie gestatten, daß ich mich vorstelle – ich bin der gerichtliche Ehebandsverteidiger."

Ich hatte von einem solchen sonderbaren Beruf wohl noch nie etwas gehört und sah ihn etwas mißtrauisch an.

„Es ist so, und ich kann Ihnen verraten, der Staat sagt, eine schlechte Ehe ist besser als keine Ehe."

Ich fragte daher den Richter: „Sagt der Staat das wirklich?" Der Richter nickte, und ich sagte mißbilligend zu mir selbst: „Was der Staat oft zusammenredet."

Die Herren versuchten sehr streng dreinzuschauen, aber ihre Lippen schlossen sie so krampfhaft, daß sie mich gar nicht mehr fragen konnten, aber ich war jetzt im Zug und erzählte ungefragt weiter: „Und der Mann hat auch gesagt: ‚Meine Frau ist keine richtige wahre Frau.' Wir zwei Frauen haben uns oft den Kopf zerbrochen, wie eine richtige wahre Frau sein müsse. Wissen die Herren vielleicht Näheres?"

Da stand der Herr in der Mitte auf und sagte: „Ich glaube, wir verzichten auf die weitere Einvernahme dieser Zeugin."

Ich war etwas gekränkt und bin sofort weggegangen; ich finde, daß die Sache ohne Probe ausgezeichnet gegangen ist, es war, dank mir, nicht eine Pause – aller Anfang ist schwer.

Nicht einen Blick habe ich auf den Ofen geworfen, als ich durch das erste Zimmer ging, ich mische mich prinzipiell nicht in Sachen, die mich nichts angehen – da aber heute ein Tag der reinen Wahrheit ist, will ich bekennen: ich habe sofort gehört, daß es nicht brannte –, was mich herzlich gefreut hat.

Ich habe nie erfahren, wie die Sache ausgegangen

ist; wenn die beiden – dank mir – noch nicht geschieden sind, so sind sie heute noch verheiratet, und ich habe es wirklich nicht böse gemeint.

Ein Wiener zieht nach Sievering

Der Postbeamte Karl Marker war durch und durch Beamter, das heißt, er übte seinen Beruf ebenso gewissenhaft wie mißmutig aus. Er war Vegetarier, Antialkoholiker, seine Weltanschauung mehr als pessimistisch, was an der häufig geäußerten Bemerkung, er hätte gern darauf verzichtet, geboren zu werden, wenn man es der Mühe wert gefunden hätte, ihn vorher zu fragen, deutlich zu erkennen war.

Diese absolute Verneinung des Lebens hinderte ihn aber nicht, um seine Gesundheit äußerst besorgt zu sein.

Die Ehe lehnte er als gewissenlose Vorschubleistung dieses unglückseligen Menschendaseins ab und heiratete nur aus Besorgnis um sein leibliches Wohl und Wehe, wobei das Wehe besonders stark vorherrschend war.

Außer dem Leben an und für sich haßte er noch im einzelnen die Trunkenheit, ein Erlebnis mit einem Betrunkenen wurde zu einem Knoten in seiner Seele.

Es war ein heller Frühlingsmorgen, er wollte ebenso pünktlich wie unwillig in das Postamt eintreten, als ein selig Dahertaumelnder mit dem jauchzenden Ruf: „Menschen, Menschen san mir alle" in seine Arme fiel und Herrn Marker durchaus einen Kuß zum Zeichen einer allgemeinen und endgültigen Versöhnung aller Menschen geräuschlos verabreichen wollte.

Herr Marker versuchte, diesen unwillkommenen Freund abzuschütteln, der ihn teils aus ehrlich gemeinter Liebe, teils als unentbehrliche Stütze nicht verlieren wollte.

Kinder, die eben zur Schule gehen wollten, lehnten ihre Schultaschen an die Hausmauer, um ungehindert die Kämpfenden umhüpfen zu können und durch feurige Zurufe anzutreiben.

An den Fenstern des Postamtes erschienen die Köpfe der Kollegen; Herr Marker war der Lächerlichkeit preisgegeben.

Diese Schicksalstücke vergaß er nie und ging so weit, sein Mitleid mit den armen Kindern, die alle, ohne gefragt zu werden, geboren waren, einfach zurückzuziehen.

Seiner Frau verheimlichte er dieses peinliche Erlebnis, um ihren Glauben an seine unantastbare Amts- und Manneswürde nicht zu erschüttern, denn sie lag ständig auf der Lauer, ihn nur einmal auf einer kleinen Entgleisung zu ertappen, aber er war glatt untadelig.

Sein Haß gegen Betrunkene steigerte sich bis zur Manie, wenn nur das Wort Grinzing oder Sievering fiel, verließ er das Zimmer, Ausflüge wurden nur mehr in zuverlässig solide Bezirke, wie Hietzing oder Lainz, gemacht und fanden ihre Krönung in dem Besuch einer Meierei.

Nun begab es sich aber, daß Herr Marker eines Morgens erwachte und zu seinem Entsetzen feststellen mußte, daß ein Hexenschuß eine Büroausübung verhinderte. Er stand und saß schief, und jede andre Stellung verursachte heftige Schmerzen; der Vorschlag seiner Frau, ihn mit Alkohol abzureiben, wurde mit einem Blick, der nur mit „Postamtlich" zu bezeichnen ist, zurückgewiesen.

Nach längerer Beratung wurde beschlossen, die Hausmeisterin mit der Meldung seiner Erkrankung in das Amt zu schicken, wozu sie sich auch bereit erklärte, nicht ohne vorher zu einem heißen Punsch zu raten und die Bemerkung, daß selbige Erkrankung von übermäßigem Fleischgenuß käme, von sich zu geben.

Herr Marker aber begab sich in das Dampfbad. Da es ein heißer Julimorgen war, lag kein gegebenes Bedürfnis vor, ein heißes Bad zu nehmen, aber die Aussicht, wenigstens dort allein zu sein, barg etwas Trost. Er ging also schief, mit dem Gang eines jungen Hundes geraden Weges auf das Ziel seines Heiles zu.

Es waren nur drei Männer anwesend, die feist und faul auf den Bänken lagen und schwitzten.

Herr Marker setzte sich artig auf eine Bankecke, und zierlich von Gestalt und Wuchs, wie er war, nahm er sich wie ein kleiner weißer Knochensplitter zwischen großen, fetten, rosarot glänzenden Mehlwürmern aus. Tiefe Stille herrschte.

Diese Mehlwürmer, in Zivil fidele Häuser, die besonders nachts ihren Standort wechselten, hatten abends vorher den Antritt ihres Sommerurlaubes gefeiert. Das Fest wurde beim Heurigen fortgesetzt und endete in einigen einer Meierei unähnlichen Gaststätten. Der Schluß war jedenfalls, daß die Bekannten, ohnedies vom Schmerz der Trennung zerrissen, sich nicht die Mühe nahmen, die Freunde in die verschiedenen Bezirke abzuliefern und alle drei der Einfachheit halber, bis zur Wiedererlangung ihrer Selbständigkeit, in einem Dampfbad ablagerten.

Herr Marker wußte von alledem begreiflicherweise nichts, teils weil die Herren sich verschlafen und schweigend verhielten und teils, weil alle Dampfenden mehr oder weniger einen aufgedunsenen, versoffenen Eindruck machen. Auch war er von seinem Zustand, der sich merklich besserte, ganz in Anspruch genommen, er fühlte sich wohl und wohler, reckte sich ruckweise aufrecht, was ihn in eine für seine Verhältnisse fröhliche Stimmung versetzte.

Inzwischen ging draußen ein heftiges Gewitter mit Hagelschlag nieder, Frau Marker verfolgte diesen Naturvorgang voll Mißbehagen, es wurde kühl, und ihr Mann war ohne Überrock.

Eine Erkältung erschien ihr unvermeidlich. Bei der Vorstellung einer Lungenentzündung angelangt, nahm sie einen warmen Mantel aus dem Kasten und begab sich zum Dampfbad. Fest entschlossen, den feindlichen Elementen das Opfer zu entreißen, ließ sie sich wartend im Vorraum nieder. So nach einer Stunde erschienen drei Herren in Abendkleidung, blaß und durch die kalten Duschen so vollkommen ernüchtert, daß sie in auffallend kühler Weise sich verabschiedeten und in verschiedenen Richtungen verschwanden; die drei Herren kehrten, wie es sich gehörte, in ihre heimatlichen Straßen zurück.

Endlich erschien in fröhlichster Laune, stolz aufrecht wie eine Königskerze, Herr Marker; da er auf die kalten Duschen verzichten mußte, war er feuerrot im Gesicht. Er begrüßte seine Frau mit den Worten: „Ja, Hansi, was machst denn du da?" Frau Marker blieb schreckerstarrt sitzen, seit ihrer Brautzeit hatte ihr Mann sie nicht mehr Hansi genannt, er fand mit dem Wort „Wir" sein Auskommen, „Wir müssen aufstehen", oder „Wo gehen wir hin?" Als Ruf genügte der Gattungsname „Frau". Seit ihrer Vermählung war der Eigenname als unnotwendig gestrichen, und jetzt bekam sie ihn wieder – sie zeigte wortlos auf den Mantel.

„Bei der Hitze einen Wintermantel?"

Herr Marker lachte hell auf – ich muß es noch einmal schreiben – Herr Marker lachte hell auf.

„Es war ein Gewitter, ich habe gedacht..." –

„Aber geh", er schob seine Frau zur Tür hinaus; inzwischen hatte sich aber nicht nur das Gewitter verzogen, die Sonne brannte ebenso heiß wie zuvor, was Herrn Marker veranlaßte, in eine neuerliche Lache auszubrechen.

So gingen die beiden miteinander; die Frau mit dem Mantel einen Schritt zurück, voran der vor sich hinkichernde Mann. Die Frau versuchte, von hinten in das Gesicht ihres Mannes zu sehen, er wurde ihr immer unheimlicher. Als sie am Postamt vorbeikamen, das auf ihrem Weg lag, verließ eben der Vorstand zur Mittagsstunde, von amtlicher Würde erfüllt, die Stätte seines Wirkens.

Herr Marker rief über die Straße ein schmetterndes „Servus!" hinüber. Der Vorstand zuckte zusammen, begab sich über die Straße, stellte sich in Positur und sagte:

„Herr Marker, was erlauben Sie sich?"

„Aber gehn S'", sagte Herr Marker, „san S' net so fad, Herr Vorstand!"

Dieser wendete sich nun der Frau zu und sagte in einem Ton, der splitterte vor Eis:

„Führen Sie Ihren Mann nach Hause, er ist ja vollkommen betrunken!"

Siehe da, Frau Marker wurde durch die Zurückhaltung ihres Eigennamens ein selbständiges Wesen, ging entschlossen auf den Vorstand zu und sagte:

„Wer ist besoffen? Wer?"

„Bravo, Hansi", schrie Herr Marker, lehnte sich an die Mauer und lachte, daß ihm die Tränen über die Wangen liefen. Mit einem kurzen „Wir sprechen uns noch" verließ der Vorgesetzte unter einem Freudengeheul seines Untergebenen diesen unerfreulichen Ort.

Als aber Herr Marker beim Haustor angelangt war und die Hausbesorgerin streicheln wollte, konnte kein Zweifel mehr sein, daß er betrunken und seiner Sinne beraubt war.

Am nächsten Morgen versicherte der Beklagte dem Vorstand unter Diensteid, keinen Tropfen Alkohol getrunken zu haben, und als der Vorstand durch Zeugen einwandfrei festgestellt hatte, daß der Besagte nüchtern das Dampfbad betreten, dort nichts zu sich genommen, und zwar geheilt, aber betrunken von seiner Frau in Empfang genommen wurde, stand man vor einem Rätsel. Aber ein schlichter Bademeister aus dem Volk fand des Rätsels Lösung.

„Dös is ka Wunder net, Herr Vorstand, da warn drei Herren da, die warn so, aber schon a so! Die habn den Alkohol nur a so außadampft, a Stund habn ma lüften müssen; der kleine Herr, a Schwacherl, den hat's halt erwischt in der Kammer drin, vielleicht is er nix gwöhnt – also mir hat's nix gschadt."

Der Vorstand kam in das Büro zurück und gratulierte Herrn Marker zu seiner glänzenden Rechtfertigung, und wenn sie später manchmal bei einem Glas Wein saßen – jawohl, ich weiß, was ich schreibe –, bei einem Glas Wein beim Heurigen in Sievering saßen, wurde immer wieder die Geschichte erzählt, wie das Schicksal in einer lustigen Laune einen Knoten in Herrn Markers Leben geknüpft und ihn in einer noch lustigeren wieder gelöst hatte. Herr Marker nahm dann, in

Gedanken versunken, öfter ein Stück von dem panierten Schnitzel, das die Frau Vorstand mitgebracht hatte, und verzehrte es aus Versehen voll Wohlbehagen.

3 mal Sievering
SO WAR ES EINMAL

Ein Nobelauto mit Fremden fährt langsam nach Sievering.

Gespräch im Auto.

„Papa, ich habe mir Sievering ganz anders vorgestellt; leer und still ist es da."

„Das ist das berühmte Sievering? Ich bin schwer enttäuscht – du nicht auch, Mama? Da singt doch kein Mensch!"

„Also, wenn wir schon da sind, steigen wir halt aus und kosten den Wein! Da hängt ja eine Stange mit so einem Bukett."

GESPRÄCH BEIM HEURIGEN

„Sei nicht so übermütig, benimm dich doch!"

„Mama, du singst so falsch, schau den Papa an, ich könnt' mich totlachen – er singt auch mit..."

„Ja, ja, der Wein ist gut, ich brauch' kein neues Blut..."

„Aber nein, Papa, Hut heißt es..."

„Lach nicht so blöd, mein Kind!"

„Jetzt wird es aber Zeit, fahren wir! Zahlen, zahlen! Wo ist meine Brieftasche? Verloren!"

„Fräulein, schauen S' unter die Bank..."

„Zwicken Sie mich nicht, Herr! Du, Mama, er sagt, ich bin naturbelassen."

„Vielleicht hat sie der Papa beim Aussteigen verloren – schauen wir nach..."

GESPRÄCH BEI DER RÜCKFAHRT

„Nein, so etwas. Liegt die Brieftasche drei Stunden vor dem Auto und niemand hebt sie auf..."

„Ein reizender Ort, ich bin begeistert..."

„Nimm dir was, so hast du was, scheinen die Leute hier nicht zu kennen."

„Der Papa hat falsch gesungen, nicht ich."

„Weißt du, Mama, warum hier so wenige Menschen auf der Straße sind? Weil alle beim Heurigen sitzen!"

Das Auto fährt langsam durch Sievering und man hört noch aus der Ferne: „Ja, ja, der Wein ist gut..."

GESPRÄCHE WÄHREND DES KRIEGES

„Aber gehn S', wirklich? Einen Pelzmantel hat er Ihnen mitgebracht? Na ja, der Ihre, aber der Meinige ist in Frankreich, was schickt denn der schon! Handtücher, Seidenwäsch', Parfüm und so ein Klumpert!"

„Also, i kann mi net beklagen! Der Meinige hat a paar Ganseln bracht und an Kaffee, schon so... Wenn s' nur öfter Urlaub kriegen täten, die Packeln gebn ja nix aus!"

„So was war noch net da! Net a Viertel Wein zu haben in ganz Sievering! Sie haben nix, sagen s', alles abgeliefert! Marandjosef! Der Kuckuck... jetzt müssen ma rennen!"

Dann rollen eines Nachts schwere Panzer durch Sievering – Stalinorgeln pfeifen... Artillerieschüsse schlagen ein... und auf einmal gibt es Wein, Wein, nur zuviel Wein!!!

GESPRÄCHE NACH DEM KRIEGE

„Also, i sag' Ihnen, was mir die fremden Soldaten alles verzahlt haben! Da war aner dabei, der hat Deutsch können; wissen S', was der g'sagt hat: ‚Is eh alles aus dem Osten...' so a Ungerechtigkeit, wo mein Mann alles aus dem Westen geschickt hat!"

„Mir hab'n s' Heferln z'brochen und Reindln hab'n s' mir verschleppt, de s' zum Kochen brauchen – jetzt kann i mir s'suchen gehn... usw."

GESPRÄCHE,
DIE MAN LEIDER NUR ZU SELTEN HÖRT

„Sind Sie auch so glücklich, daß der Krieg aus ist? Daß keine Menschen mehr in der Luft verbrennen und keine mehr unter Wasser ersticken, verschüttet in Kellern liegen!"

„Ja, ja, Gott sei gedankt, wir können wieder ruhig schlafen!"

Warum reden nicht alle Menschen so? Diese Reindlgespräche gehn mir stark auf die Nerven. Nicht, daß ich verschont geblieben wäre! Die Soldaten haben auch meine Wohnung recht in Unordnung gebracht und haben sich genommen, was sie gebraucht haben: Rauchsachen, Kerzen, Petroleum, Feuerzeuge. (Es sei ihnen vom Herzen vergönnt.)

Was aber nachher noch alles aus meiner Wohnung verschwunden ist, als keine Soldaten mehr kamen, darüber schweigt die Geschichte.

Koffer und Kasten ausgeräumt bis zum letzten Strumpfgürtel. Niemand wird mir erzählen, sie hätten Soldaten gesehen, die noch die drei Stockwerke hochgestiegen sind, um sich noch die Kohlenschaufel zu holen.

So wie nicht alles Gold ist was glänzt, so ist nicht alles von fremden Soldaten genommen, was genommen ist.

Aber als gute Patriotin freut es mich doch, bestimmt zu wissen, es bleibt mehr in Österreich als man glaubt – wenigstens von meinen Sachen.

*

Gedicht

Sievering, das schmale Tal –
Es birgt meine Liebe überall
Hier habe ich Wurzel geschlagen
Wir hatten uns viel zu sagen.
Es birgt so heißen Liebesruf
Es birgt was tiefstes Leid mir schuf

Was wir uns vertraut
Sag' es nicht so laut – Sievering –
Wenn ich tot bin!

THEATERGESCHICHTEN

Theater

Ich möchte lieber gar nichts arbeiten; nachdem ich aber leider einen Beruf haben muß, so bin ich am liebsten beim Theater. In den meisten weiblichen Berufen versäumt man nur acht Stunden des Tages „Leben"!

Im Theater fühlt man die Zeit noch intensiver, ja man erlebt noch unerlebtes Leben dazu. Für Menschen, die nicht gern etwas versäumen, ist es ein guter Beruf, auch wenn man nicht zu den „Berufenen" gehört.

Der Laie macht sich freilich oft ein falsches Bild, und Bemerkungen, wie: „Sie haben's gut! Zwei Stunden am Abend im Theater und da nur unter lauter lustigen Leuten!" sind nicht ganz richtig. So einfach ist es wieder nicht. Kommt man frühmorgens ins Theater, stößt man bereits an der Türe auf erregt Disputierende, die sich kaum Zeit nehmen, zu grüßen, was man einsieht, denn irgend etwas ist immer los. Man stört nicht durch Fragen und begibt sich in das Haus.

Der Portier schaltet das Telephon um, macht Notizen und schreit zugleich mit irgend jemandem; er darf nicht einmal durch einen Blick belästigt werden.

Auf den Gängen laufen erregte Menschen herum; sie tragen die merkwürdigsten Dinge hin und her, Hausfassaden, künstliche Fische, Königskronen und so weiter, und sind alle von ungeheurer Wichtigkeit erfüllt.

Im Konversationszimmer angelangt, gilt es, vor

allem zu erfahren, in welcher Laune „Er" ist. Dann versucht man auf alle Fälle noch rasch zu lernen. Aber im Konversationszimmer werden so interessante Dinge besprochen, daß man sich nicht konzentrieren kann. Es wird vom Theater geredet, und zwar spricht jeder von sich, und man hört artig zu, auf Revanche natürlich! Mit den üblichen verlogenen Fragen hält man sich nicht auf: „Wie geht's? Was macht der Herr Gemahl? Die Kinder? Alles gesund?" O nein! Man kommt herein und sagt sofort: „Denkt euch, was mir passiert ist!" und schwingt erbittert ein Heft dabei. Und alle sind momentan bereit, sich mit aufzuregen. Es ist nämlich an jeder Rolle etwas nicht in Ordnung. Ein Direktor hat es wirklich nicht leicht. Er soll ernst und streng sein wie ein Lehrer in der Schule, er soll Verständnis und Geduld besitzen wie ein guter Freund, Überlegenheit und Güte wie ein Irrenarzt, und bei alldem soll er nie seinen Humor verlieren. Alle Schauspieler sind lebendige Menschen und bis auf einige Komiker lustig.

Bei der Premiere sind alle fieberhaft beschäftigt, man darf nichts in der Garderobe vergessen –, zurückgehen bringt Unglück, man muß jemanden finden, der einen anspuckt, und allen Menschen aus dem Wege gehen, die eventuell die Taktlosigkeit besitzen, Glück zu wünschen, und so weiter. Es glaubt niemand, an was man da alles zu denken hat.

Und dann, bitte, wir haben einen Paragraphen: *„Das Recht auf Beschäftigung."*

Ja, meine lieben Herren Beamten, das haben Sie nicht, und wenn Sie tagelang keine Akten bekommen, – Sie können gar nichts machen. Wie stellt sich ein Schauspieler an, wenn er keine Rolle bekommen hat, und wie selten sieht man einen Postbeamten weinen, weil lange niemand zum Schalter gekommen ist! Aber es hat ja nicht einmal ein Schaffner das Recht sich zu beschweren, wenn die Straßenbahn nicht überfüllt ist. Traurige Zustände! Ich bin sehr stolz auf dieses Recht auf Arbeit, wenn ich es auch persönlich nicht in Anspruch nehmen würde; aber das ist schließlich meine Privatsache.

Und dann, bitte: Eine Kollegin erzählte einmal unserem Verwaltungsdirektor bei der Gagenzahlung ihren merkwürdigen Traum von zwei Tauben, er sagte: „Ich habe jetzt keine Zeit – dort liegt das Traumbuch; sehen Sie selbst nach!" Bitte: Wir haben ein eigenes Traumbuch im Theater!

Ich gehe jede Wette ein, daß nicht ein einziges Steueramt ein Traumbuch hat.

Nein: Ich bleibe schon bei diesem Beruf.

Meine Herren Direktoren

Mein erster Direktor war: Heinrich Conried, Präsident und Direktor des Metropolitan Opera House und des Irving Place Theaters in New-York.

Er liebte das Geld leidenschaftlich und wurde ein kaufmännisches Genie. Er wanderte als junger Mensch von Oesterreich nach Amerika aus und brachte es nach viel Not und Entbehrungen bis zu dieser angesehenen Stellung, obwohl er – seine eigenen Worte – „soviel wie ein Pferd von Musik verstand!"

Er fuhr jedes Jahr nach Europa und engagierte einfach das Beste vom Besten, was zu haben war – und die Amerikaner und er kamen dabei auf ihre Rechnung.

Nebenbei hatte er noch die Idee der leihweisen Ueberlassung von Liegestühlen (per Fahrt einen Dollar) auf allen großen Ueberseedampfern; dieses Monopol machte ihn zum reichen Mann.

So amerikanisch großzügig er auch war, an einer alten Theatersitte hielt er unerbittlich fest: jedes Jahr stand einmal groß auf allen Plakaten: „Benefiz des Direktors Conried." Er verkaufte, versteigerte jeden Sitz persönlich, und alle Künstler machten sich eine Ehre daraus, an diesem Abend mitzuwirken. In dem Jahr, als ich bei ihm engagiert war, gab er die „Fledermaus"; Caruso und viele andre sangen Einlagen.

Am nächsten Tag zeigte er mir seine Bücher; er hatte ein Reinerträgnis von zweiundzwanzigtausend Dollar. Da war sogar er zufrieden.

Mein zweiter Direktor war: Theodor Rosenfeld (ein Bruder des berühmten Verteidigers Viktor Rosenfeld), Besitzer des Lindenkabaretts und des Passagetheaters Unter den Linden in Berlin.

Direktor Rosenfeld war ein ausgesprochenes Original. Er interessierte sich hauptsächlich für das Schachspiel und für Philosophie. Berühmt und reich wurde er durch die Erfindung des ersten künstlichen Menschen, Kingfu genannt, der seinerzeit in ganz Europa Aufsehen erregte.

Es war dies eine Maschine, mit der man sich schriftlich verständigen und Schach spielen konnte. Der Apparat wurde allen Herrschern vorgeführt; am österreichischen Hof wurde dann der genial versteckte Zwerg entdeckt. Die Entlarvung kränkte den Direktor nicht sehr, hatten doch alle Zeitungen das hervorragende Schachspiel seines Schülers besonders hervorgehoben.

Als Direktor war er wegen seines unerbittlichen Urteils gefürchtet. Er genierte sich nicht, bei einer Premiere in seinem eigenen Theater zu zischen, wenn ihm die Vorstellung mißfiel.

Mein dritter Direktor war Professor Doktor Rudolf Beer, Raimundtheater, Volkstheater, Scala.

Er hat zwei besondere, hervorstechende Eigenschaften, die der echten Liebe zum Theater entspringen.

Erstens eine unerschöpfliche Vitalität, er nährt sich von Tätigkeit. Dauert eine Probe auch von zehn Uhr vormittags bis sechs Uhr abends, er ißt nichts, er trinkt nichts, er raucht nicht. Wie jeder wirklich echte Fanatiker ist er von echter, wirklicher Verständnislosigkeit für die menschlichsten Bedürfnisse der andern. Zweitens hat er die unheimliche Eigenschaft, überall zu sein. Steht man in den Kulissen und sieht zu (was verboten ist), taucht er plötzlich auf.

Geht man in das Konversationszimmer und unterhält sich etwas laut (was verboten ist), kommt er herein.

Steht man auf dem Gang (was nicht gern gesehen wird), geht er durch den Gang. Geht man auf einen kleinen Tratsch ins Bureau (was verboten ist), ist er selbstverständlich im Bureau.

Geht man aus der Garderobe und hat das Licht brennen lassen (schrecklich!), er sieht es durch den dünnsten Spalt, weil er zufällig vorbeigeht.

Durch ihn ist mir der Begriff „Allgegenwärtig" erst begreiflich geworden.

Einmal fragte ich: „Herr Direktor, ich habe morgen eine Probe im Volkstheater und eine im Raimundtheater zu gleicher Zeit, auf welche Probe soll ich gehen?" Er antwortete prompt:

„Schauspielerinnen, die nicht zu gleicher Zeit in zwei verschiedenen Theatern sein können, kann ich überhaupt nicht brauchen." Das war natürlich ein Scherz, und doch fühlt man, solche Mitglieder wären sein Traum – und schon wendete er sich einer etwas mondän aussehenden Dame zu, die eben beim Bühnentürl hereinkam und den Erstbesten, der vorbeiging (es war zufällig der Direktor), ansprach: „Bitte, kann ich den Direktor Beer sprechen?" – „Leider schon weggegangen," sagte er und bog um eine Ecke, in der ein überraschter Kollege schnell, aber vergeblich ein Krügel Bier zu verstecken suchte.

Es soll einmal jemand – in vorwurfsvollem Ton, wie ich annehme – meinen Direktor gefragt haben, warum ich immer so kleine Rollen spiele? Dieser Vorwurf war ungerecht, denn mein Direktor ist daran unschuldig.

Direktoren sind im allgemeinen nicht der Typus der unschuldigen Wesen, aber manches Mal geschieht auch ihnen unrecht.

Ich leide an Lampenfieber, und zwar in einem solchen Maß, daß die Angst vor dem Spielen die Lust am Ruhm stark überwiegt.

Mein Direktor hat alles versucht, um mich zu heilen. Er ist ganz böse und scharf geworden: „Aber gnädige Frau, ich verstehe Sie nicht!" Er hat es mit Liebenswürdigkeit und Güte versucht: „Du bist die dümmste Gans, die mir je untergekommen ist, wovor fürchtest du dich eigentlich so?"

Was nützt da alles Reden?

Wenn es gongt, werden die Hände kalt, die Knie zittern, der Blick wird stier, das Ohr taub, und man sucht vergeblich, sein Herz zu schlucken, es auf seinen, von der Natur bestimmten Platz hinunterzudrücken, wenn es versucht, durch den Hals die Flucht zu ergreifen.

Einmal zwang mich der Direktor, eine für meine Verhältnisse zu große Rolle – die ich zurückgeben wollte – zu spielen.

„Ich nehme Ihnen die Rolle nicht ab, Frau Loos, aber es steht Ihnen ja frei, sich beim Bühnenverein zu beschweren."

Ich habe mich wohlweislich gehütet – also mußte ich spielen; ich hatte nur einen Gedanken:

„,Faust', erster und zweiter Teil, an einem Abend!"

Fast sein ganzes Leben hat Goethe daran geschrieben – allererste Künstler werden ihr Bestes geben, wochenlang wird der Direktor mit uns probieren, viele Menschen werden Tag und Nacht tätig sein, das Werk würdig zu gestalten, und mir – mir allein wird es vorbehalten sein, alles zu verpatzen.

Es ist natürlich nichts passiert, ich bin nicht steckengeblieben, bin weder auf die Bühne noch in Ohnmacht gefallen, und doch – so muß sich ein Fisch fühlen, den man auf einen Baum setzt. Was nützt es, wenn man zu ihm sagt: „Ist der blühende Baum nicht schön? Diese Blüten werden einmal gute Kirschen!" Da kann man reden, was man will, der Fisch will ins Wasser und pfeift auf Kirschen.

Dabei bin ich in meinem Element (das ist das ganze übrige Leben) so unnervös, daß es schon an Unfeinheit grenzt.

Von mir aus können die Menschen mit Messern ganze Romane auf Fensterscheiben kratzen oder sonst einen Unfug treiben, mich stört das gar nicht. Es gibt Tage, an denen alle besseren Menschen herumgehen, sich an die Schläfen greifen, die Augen halb geschlossen halten und sagen: „Leiden Sie auch so am Föhn?", während ich ahnungslos herumgehe und froh bin, daß es warm ist.

Einmal habe ich es auch versucht, weil mir meine eigene Nervenlosigkeit schon auf die Nerven gefallen ist; habe mir den Kopf gehalten und in klagenden Tönen gefragt: „Leiden Sie auch am Föhn?"

Aber statt eines hingehauchten „Oh! Oh!" sagte jemand

laut, mit weitaufgerissenen Augen: „Wieso? Heute ist doch Nordwind!"

Seitdem habe ich das Feine aufgegeben und bin so ordinär, wie ich eben bin.

Aber wenn ich eine Bühne sehe, dann werde ich nervös, wie ein edles Rennpferd oder sonst ein feines Tier.

Es ist aber auch ungerecht; der kritische und gefährliche Zuschauer sitzt wohlgeborgen im Finstern, und unsereins steht grell beleuchtet oben, den schrecklichsten Zufällen preisgegeben.

Der Direktor kann natürlich gar nicht verstehen, daß man sich fürchtet – er steht absolut über der Situation.

Aber (es gibt doch eine Gerechtigkeit) wenn er selbst spielt, dann ist er dankbar, wenn man ihn symbolisch bespuckt, er ist sanft und milde, macht das Kreuz, ehe er hinausgeht, kurz er unterscheidet sich in nichts von andern sterblichen Theaterwesen.

Vor einer Premiere haben die größten Künstler Lampenfieber, ob zugegeben oder nicht – und versuchen, die Flucht vor diesem Beruf zu ergreifen. Ich hatte einen berühmten Kollegen, der immer den Ankauf eines Kaffeehauses in Erwägung zog, und eine alte Garderobefrau erzählte mir, daß Helene Odilon in diesem Zustand mit ihr immer den Kauf einer Nähmaschine besprach – denn sie wollte (ganz bestimmt) nach der Premiere Näherin werden.

Nach der Vorstellung sind diese Entschlüsse natürlich restlos bis zum nächsten Fieberanfall vergessen.

Sogar Pallenberg war geneigt, mit mir vor Aufgehen

des Vorhanges ernste philosophische Gespräche, die die Nichtigkeit des Lebens im allgemeinen behandelten, dringend zu besprechen – was diesem großen, unvergeßlichen, von mir sehr verehrten Künstler sonst fernlag, denn er war immer zu jedem Unfug aufgelegt und überstürzte sich an genialen, lustigen Einfällen.

Lampenfieber äußert sich in vielfältigen Formen; manche versuchen, durch Alkohol des Fiebers Herr zu werden, das ist aber ein gefährliches und bei den Direktoren sehr unbeliebtes Mittel.

Einmal gastierte ein berühmter Schauspieler bei uns. Kaum im Theater, versuchte er seinen Garderobier zu überreden, das Hausgesetz (Alkoholverbot) zu übertreten und eine Flasche Wein zu holen.

Zufälligerweise hatte aber der Direktor gerade vor diesem Gastspiel eine neuerliche strenge Ermahnung erlassen, und es fand sich niemand, der den Mut hatte, dagegen zu handeln.

Nach dem ersten Akt erklärte der Prominente, ohne Wein nicht weiterzuspielen.

Der Direktor wurde dringend angerufen, denn er war nicht im Hause, er hatte nur zufällig seine Telephonnummer hinterlassen. Er bewilligte gnädig auf diesem Weg ein Viertel!

Der Gast war wütend, aber machtlos.

Aber am nächsten Abend ging er, vergnügt schmunzelnd, eine Doppelliterflasche Wein unter dem Arm, beim Portier vorbei, in seine Garderobe. An diesem Abend war der Direktor zufällig im Theater, er setzte sich in die Garderobe des Gastes und feierte vergnügt Versöhnung, trank ein Glas Wein nach dem andern, das ihm der Gast bereitwilligst einschenkte.

Nach der Vorstellung verließ der Direktor, etwas schwankend, die Garderobe, hinter ihm ging der nüchterne, schwer verbitterte Gastgeber und sann auf Rache:

Kurz darauf machten wir eine Gastspielreise in eine Provinzstadt, die Vorstellung war im voraus ausverkauft.

Besagter Gast wurde unter scharfer Bedeckung transportiert. Es gelang ihm nicht, das erlaubte Quantum zu überschreiten und das Erwünschte zu erreichen.

Er spielte wie ein Gott, aber nicht wie ein dionysischer!

Der verantwortliche Dramaturg ging stolz im Theater umher, da wurde er dringend aus Wien angerufen.

„Um Gottes willen, was machen Sie?"

„Ich, Herr Direktor, es geht mir gut!"

„Sind Sie verrückt – wie es Ihnen geht –, ob eine Vorstellung ist, will ich wissen!"

„Eine Vorstellung – ja, warum soll denn keine Vorstellung sein?"

Man hörte noch einen Wutschrei, dann wurde abgeläutet.

Was war geschehen?

Der Gast war vormittags auf die Post gegangen, was ihm ohne weiteres – da ungefährlich – erlaubt wurde, und hatte nach Wien telegraphiert:

„Gast sinnlos betrunken – Vorstellung abgesagt – was soll ich machen? Der verzweifelte Dramaturg."

*

Nicht nur Geschichten, eine ganze Kulturgeschichte könnte man schreiben über die Leiden und Wandlungen des Theaters in den letzten Jahren. Ich erinnere mich an die Zeit der scharfen Differenzen mit den Organisationen. Bei einer Vormittagsprobe, der Direktor stand zufällig auf der Bühne und führte Regie, erschien plötzlich der Bühnenmeister und meldete, er müsse im Auftrag der Organisation den eisernen Vorhang herunterlassen; er ersuchte den Direktor, ihm persönlich deswegen nicht böse zu sein und die Probe aufzuheben.

Der Direktor sagte, er denke nicht daran, einem einzelnen deshalb etwas nachzutragen, er verstehe vollkommen seinen Standpunkt, und er möge ruhig dem Befehl, den er erhalten habe, nachkommen.

Der Bühnenmeister entfernte sich hocherfreut, er hatte nicht erwartet, daß diese unangenehme Sache so friedlich ablaufen würde. Nach einigen Minuten erschien er allerdings wieder und sagte: „Bitte, Herr Direktor, ich kann den Vorhang nicht herunterlassen, der Herr Direktor stehen gerade unter dem Vorhang."

„Ich habe Ihnen schon gesagt," antwortete der Direktor, „ich habe nichts dagegen, wenn Sie den Befehl Ihrer Organisation ausführen und den Vorhang herunterlassen, aber wo ich in meinem eigenen Theater stehen soll, lasse ich mir von niemand vorschreiben."

„Aber, Herr Direktor, wenn ich den Vorhang herunterlasse, sind Sie tot!"

„Das ist Sache Ihres Gewissens! Wenn Sie aber nicht wissen, was Sie tun sollen, rufen Sie doch Ihre Organisation an."

Ueber das telephonische Gespräch ist nichts bekannt geworden, aber die Probe wurde abgehalten.

Angsttraum

In der Zeit, in der die Schauspielerprüfungen eingeführt wurden, hatte ich einen schrecklichen Traum.

Wer kennt sie nicht, diese schrecklichen Prüfungsträume, bei denen man vor Angst schwitzt und sich beim besten Willen nicht erinnern kann, wie man heißt.

So war es auch hier.

Herren saßen im Zuschauerraum – schon durch Amt und Titel schreckerregend. Direktoren, Professoren, berühmte Dichter, ein prominenter Schauspieler, aber was galt das alles mir, mein eigener Direktor war auch dabei!

Ich stand oben, nicht nur von aller Welt – von mir selbst verlassen! Jemand sagte: „Zunächst, bitte, singen Sie uns die Isolde vor."

„Die – die Isolde – die mit dem Tristan?"

„Ja, und schon!"

Mir wurde schwarz vor den Augen. Aber ich nahm den Kampf auf und fing an:

„La-la-la-la-la", was gewissermaßen das Vorspiel darstellen sollte, gab es aber bald wieder auf und sagte kleinlaut, daß ich doch eigentlich Schauspielerin sei!

Es wurde mir aber bedeutet, daß die Zeiten der Einseitigkeit vorbei wären; ein Schauspieler müsse heutzutage einfach alles können!

„Also, bitte", sagte einer der wohlwollendsten Herren, „so sprechen S' uns halt etwas aus dem ‚Faust' vor, aber aus dem Urfaust, den andern kann ja jedes Kind."

Ich ballte heimlich die Faust und gab Urschweigen von mir, mehr konnte ich nicht bieten.

Da wollte mir mein Direktor helfen und meinte, die Herren möchten doch vielleicht zuerst mit dem Theoretischen beginnen. Bei diesem Teil der Prüfung soll Geistesgegenwart, Nervenkraft, Mimik, Disziplin, Bildungsgrad – kurz, die allgemeine Intelligenz festgestellt werden.

„Nehmen Sie also an, eine Kollegin wäre plötzlich erkrankt und Sie müssen den kommenden Abend die Rolle der Maria Stuart, die Sie nie gespielt haben, übernehmen – was würden Sie zunächst tun?"

„Ich würde zunächst in die Donau gehen!"

„???"

„Weil ich unter allen Umständen ein rasches Ende einer langen Todesqual vorziehen würde."

„Hm! Hm!"

„Nehmen Sie an, Sie spielen in einer Kindervorstellung das Schneewittchen und liegen mit dem vergifteten Apfel im Munde tot im Sarg, und ein Kollege, was bedauerlicherweise öfter vorkommt, als man glaubt (die Herren nicken sich zu und schütteln mißbilligend die Köpfe), würde Sie kitzeln, um Sie zum Lachen zu bringen, was würden Sie tun?"

„Ich würde den Apfel ausspucken und mich lachend aufsetzen in der Überzeugung, daß die Kinder sich ebenso freuen würden wie ich selbst, daß ich wieder lebe."

„Hm! Hm!"

„Nehmen Sie aber an, Sie spielen in einer Tragödie die große Szene, und Ihrem Partner wird schlecht und er fällt in Ohnmacht, was würden Sie da machen?"

„Ich würde mich geistesgegenwärtig neben ihn legen und mich tot stellen."

Da ergriff ein Schauspieler, weil er diese Marterei einer Kollegin nicht mehr anhören konnte, das Wort: „Was würden Sie aber zum Beispiel, um auch vom Kaufmännischen zu sprechen, machen, wenn Ihnen der Direktor die Gage nicht bezahlt?" (Alle anwesenden Direktoren, mit Ausnahme meines Direktors, zucken schmerzlich zusammen.)

„Ich würde warten, bis er zahlt!" – „Warum?"

„Weil ich annehmen würde, er bezahlt mir die Gage nur nicht, weil er kein Geld hat!"

Also kurz und gut, was soll ich da lang erzählen, ich bin mit Bomben und Granaten durchgefallen wegen mangelhafter Intelligenz. So schrecklich dieser Traum auch war, ich bin nicht überzeugt, daß es ein reiner Angsttraum war, ich glaube eher, es war ein heimlicher Wunsch, ich hätte seinerzeit die Schauspielerprüfung nicht bestanden.

Nachschrift: Ich habe vergessen zu schreiben, daß mich im Traum nach der Prüfung alle Kollegen umringten und sagten: „Mach dir nix draus, Loos, gehst halt zum Film", und mein Direktor teilte mir voll Stolz mit, daß ich in Mimik den ersten Preis erhalten habe, denn es wurde einstimmig erklärt, ein dümmeres Gesicht wie ich könnte niemand mehr machen.

Krach

Der Krach im Theater unterscheidet sich wesentlich von den Krachs des wirklichen, einfachen Lebens.

Der Krach im Theater bedarf fast gar keines Grundes; am bürgerlichen Ernst gemessen, erscheint er sinnlos.

Es ist schwer, dem Außenstehenden begreiflich zu machen, daß er Zweck ist – an und für sich. Kaum an die Person gebunden, wird er nur durch irgend etwas ausgelöst.

Der Krach ist einfach eine elektrische Ladung, die

eben ohne Reibung nicht erzeugt werden kann. Ich will versuchen, eine solche Situation zu schildern.

Es ist bereits elf Uhr, die Probe im vollsten Gang, und die Schauspieler sind noch immer nicht so weit, ihr „Letztes" herzugeben. Irgend etwas sträubt sich in ihnen, das innerste Wesen ihrer Seelen vor dem Regisseur zur wohlgefälligen Auswahl sichtbar werden zu lassen.

Die Nerven des Spielleiters, erfüllt von furchtbarem Tatendrang, laufen leer.

Alle fühlen eine nahende Katastrophe. Jetzt der kleinste Anlaß, und das Unwetter bricht los. Es kann jeden treffen. Da atmet alles erleichtert auf; eine Schauspielerin betritt die Bühne und hat vergessen, den Hut abzunehmen.

Bei normalem Luftdruck genügt ein: „Pst, der Hut!" und die Sache ist erledigt. Nicht so jetzt. Ein Sturm bricht los.

Wo eigentlich solche Sitten herrschen? Disziplinlosigkeit sondergleichen! Schon austreiben!!!! Schamlosigkeit usw. Dies steigert sich bis zur kühnen Behauptung des jeweiligen Regisseurs (wider besseres Wissen und Gewissen), so etwas noch nicht erlebt zu haben, solange er beim Theater sei.

Das Opfer steht wie gelähmt, und wir anderen verziehen uns in alle Ecken, man kann nämlich ganz unerwarteterweise plötzlich einbezogen werden zur Entlastung des einzelnen. Ich selber gebe offen zu, daß ich in einem solchen Fall, von unchristlicher Feigheit befallen, mich zu drücken versuche.

Wenn die Probe dann weitergeht, wird auf einmal der Sinn dieser merkwürdigen Vorgänge klar.

Es geht prächtig, die Nerven aller liegen bloß, das Blut kreist in gebotener Schnelligkeit.

Man erzählt, es soll Direktoren geben, die nie ihre zartesten Empfindungen überlaut äußern. Sie sitzen im Parkett und flüstern nur ab und zu mit dem Hilfsregisseur. Das muß schrecklich sein, keiner weiß, wen es angeht, es wird auf Umwegen eine allgemeine Nervosität erzeugt ohne jede erlösende Entspannung.

Unser Direktor (Gott ist mein Zeuge) hat den Weg der unmittelbaren Aussprache gewählt.

Das Nette ist, daß zwecks eines notwendig gewordenen Krachs auch das technische Personal zugezogen wird. Erstens kommt dadurch auf den einzelnen weniger, zweitens ist es ein Beweis, daß beim Theater niemand, in welcher Stellung immer, mit ruhigen Nerven geduldet werden kann, wenn das Werk gelingen soll.

Irgendwie fühlt dies auch jeder und fügt sich instinktiv (mit Ausnahme natürlich des jeweilig Betroffenen, der für die weisesten Erkenntnisse unzugänglich ist). Ich erinnere mich nur eines Falles von Auflehnung.

Es war ein windhosenartiger Orkan ausgebrochen, ein einfacher, stiller Bühnenarbeiter wurde von zuunterst in die höchste Höhe gerissen und stand plötzlich als Mittelpunkt eines ganzen Unternehmens da.

Wer, irgendwo geschützt, nur einige Minuten dem Direktor zuhörte, mußte den Eindruck gewinnen, daß noch niemals ein Mensch leichtsinnigerweise der ganzen Welt einen solchen Schaden zuzufügen versucht habe, wie gerade dieser Mann.

Er hatte, glaube ich, vergessen, echte Klinken an markierte Türen zu nageln, oder so etwas Ähnliches. Also mit einem Wort: es war furchtbar.

Nun stand er hinter den Kulissen und schnappte nach Luft, während draußen auf der Bühne die Probe jetzt zur vollsten Zufriedenheit des Direktors weiterging.

Der Mann hatte sich kaum erholt, als er anfing, aufrührerische Reden zu führen. „So was war noch net da." (Beim Theater war nie etwas schon einmal da.) „I laß es mir aber net gfallen! Warum denn grad i? I geh jetzt außi und sag's ihm, ihr glaubts es nicht? Paßts nur auf, i geh!" Letztere Bemerkung war nicht notwendig, wir paßten auf.

Die eben geprobte Tragödie wurde zu einer kindischen Privatangelegenheit gegen dieses angekündigte Naturschauspiel. Wie klein wurden die von uns darzustellenden Helden gegen das Unterfangen dieses Mannes! Erste Schauspieler, ja Titelrollendarsteller erbleichten.

Der Mann näherte sich wirklich der Tür, steckte vorsichtig den Kopf hinaus, zog ihn dann allerdings blitzartig zurück. Von den Augen des Direktors getroffen, ließ er sich kraftlos und ergeben auf einem Felsblock nieder.

Wir umstanden ihn neugierig: „Was hätten Sie gesagt, wenn...?" Wir wollten wenigstens in Phantasie schwelgen.

„Außi wär i gangen und runter hätt i gschrien ins Orchester – mi halt kaner zruck, wann i amal losgeh – Herr Direktor, hätt i gsagt... von mir aus hätt er mich dann außischmeißen können..."

„So sagen Sie doch schon, was Sie gesagt hätten!"

„Herr Direktor – hätt i gsagt..., denn einmal im Leben muß sich der Mensch Luft machen."

Eine Kollegin begann bereits vor Aufregung zu schluchzen.

„Um Gottes willen, Mensch, reden Sie doch schon!"

Er stand auf, nahm eine angemessene Stellung ein und sagte: „Herr Direktor – hätt i gsagt – daß Sie's wissen, Sie sind auch nur ein Mensch, und Sie müssen einmal grad so sterben wie wir alle. – Meiner Seel und Gott, das hätt i ihm gsagt."

Und er hätte es auch bestimmt gesagt, ich bin überzeugt davon – wenn er sich eben nur hinausgetraut hätte.

*

Einmal traf es auch mich!

Es handelte sich um eine mangelhafte künstlerische Leistung meinerseits. Nun gebe ich ja gern zu, daß ich ein zur Ruhe neigender Mensch bin und mein Nervensystem nur ungern in Bewegung setze, was anscheinend den Direktor bewog, mich einmal gründlich aufzurütteln.

Er legte los.

Ich widerstand die längste Zeit, obwohl die Geschosse nur so um die Ohren sausten. Bis mich ein Mörservolltreffer zur Strecke brachte. Er sagte plötzlich ganz schlicht und einfach: „Wissen Sie was, wenn Sie Ihre Hemmungen nicht überwinden können, gehen Sie nach Hause und stören Sie hier nicht arbeitende Menschen!"

Es war mir sofort klar, daß ein Weiterleben nach solcher Kränkung unmöglich wurde, und da mein Leben ohnedies jetzt zu Ende war, spielte ich drauflos.

Ein befriedigtes „Na also" aus dem Parkett gab mir einen solchen Stich in das Herz, als sei doch noch etwas Leben in mir.

Dann setzte ich mich in das Konversationszimmer und weinte bitterlich, auf der Bühne hatte ich keine Zeit dazu gehabt.

Der Direktor kam herbei, zeigte lachend auf mich:

„Was sagt man dazu, eine erwachsene Person setzt sich da her und weint wie ein kleines Kind! Schämen Sie sich gar nicht?"

„Nein! Und – ich – weine auch gar nicht, das – das – sind nur die Nerven!"

Der Direktor schmunzelte befriedigt: „So? Aber dann war ja das Ganze ein Mißverständnis, ich war nämlich der Meinung, Sie hätten keine Nerven."

„Warum –, Herr Direktor –, soll denn gerade ich keine Nerven haben?"

„Ich habe halt gedacht, eine Frau, die so viele Jahre mit Dichtern, wie Egon Friedell und Franz Theodor Csokor, befreundet ist, kann doch unmöglich noch so etwas Ähnliches wie Nerven besitzen!"

Nicht einmal in Ruhe weinen kann man beim Theater, man muß immer zugleich über irgend etwas lachen.

Das ist das Schreckliche, oder ist es das Schöne?

Theater im Theater

Im Jahre 1928 probierten wir ein Stück, das das Schicksal Johann Orths behandelte.

Damit nur ja alles historisch genau stimme, Aufschläge der Uniformen, Kappen, Auszeichnungen usw., wurde der ehemalige Erzherzog Wölfling als Sachverständiger ersucht, den Proben beizuwohnen, was er nur zu gerne machte, da es mit Honorar verbunden war, das er damals recht gut gebrauchen konnte.

Eines Morgens wurden wir alle, die in diesem Stück beschäftigt waren, Herrn Wölfling ziemlich unzeremoniell vorgestellt. Ein Kollege, schon ein alter Herr, der aus irgendwelchen Rückerinnerungen an diesem Vorgang ganz besonders beeindruckt war, legte die rechte Hand auf die Brust, machte eine tiefe Verbeugung, murmelte: „Oh, Kaiserliche Hoheit" und streckte ein Bein graziös nach hinten. Aber leider stand ich gerade hinter ihm, konnte nicht widerstehen und zwickte ihn in das devote Bein, wodurch die schöne Pose etwas mißlang. Er drehte sich nachher zu mir um und sagte empört:

„Was soll das? Blöde Gans!"

„Geh, schau", sagte ich entschuldigend, „weils d' gar solche Gschichten machst. Mich hast noch nie so schön begrüßt."

„Du bist ja ka gwesener Erzherzog!"

„Aber was, der Erzherzog ist grad so ein Mensch wie wir alle."

„Is er net, mit dem kannst net so reden wie mit irgendeinem Menschen!"

„So?" – „Na!"

„Und warum denn net? Das werd ich dir beweisen, i geh jetzt gleich auf ihn zu und werd mit ihm reden!"

„Das wirst du nicht!"

„Das werd ich ja!"

Ich ging auf Herrn Wölfling zu, alle Blicke meiner Kollegen folgten mir, und sprach ihn an.

Er antwortete sofort interessiert auf meine Frage, nahm mich beim Arm und zog mich in eine Ecke, wo wir eifrig aufeinander einsprachen. Dann kehrte ich zu meinen Kollegen zurück, als ob gar nichts gewesen wäre.

Ich schwieg harmlos und undurchdringlich.

Endlich konnte es besagter Kollege nicht länger aushalten. Er fragte: „Was haben Sie mit ihm gesprochen?"

Er sagte plötzlich „Sie" zu mir, so sehr war ich in seiner Achtung gestiegen.

„Was wir gesprochen haben? Ach, nichts Besonderes; was halt so zwei Menschen miteinander reden."

Und sonst war nichts aus mir herauszubringen. Jetzt aber will ich wahrheitsgetreu unser Gespräch wiedergeben.

Ich ging auf Herrn Wölfling zu und sagte: „Sie schreiben jetzt auch für die Wochenausgabe?"

„Ja! Sie auch?"

„Ja!" Er zog mich in die Ecke.

„Was zahlt man Ihnen? Oh, wieso mehr als mir? Ach so, Feuilleton – per Zeile – per Spalte? Was glauben Sie, wie viele Artikel ‚Meine Erinnerungen' werden sie noch nehmen?" Und so weiter...

Fachgespräche, die nur für die Betreffenden interessant sind. Darum habe ich nichts erzählt von diesem menschlichen, allzumenschlichen Gespräch.

Es ist nicht notwendig zu erwähnen, daß nach der Aufführung von der Presse einstimmig gerügt wurde, daß weder Uniformen noch Kappen und Auszeichnungen richtig waren.

Gastspiel in Berlin

> PASSAGE-THEATER BERLIN
>
> **Der Affe Consul**
>
> **Schneider-Dunker**
>
> Lina Loos
>
> und das übrige großartige Varietéprogramm

Das war meine Stellung beim Varieté. Eigentlich war ich am Lindenkabarett, da aber meine Direktion auch ein Varieté hatte, mußte ich öfter aushelfen.

Ich tat es nur zu gern. Meine Artisten- und Tierkollegen waren alle reizend. Wer da nicht mitgemacht hat, ahnt gar nicht, was Artisten für brave, anständige und fleißige Leute sind. Jeder hat seinen bestimmten Platz und seine genaue Zeit im Programm, keiner beneidet den andern. Im Gegenteil, je mehr Erfolg die vorherige Nummer hat, desto leichter arbeitet sich die nächste. Ich habe eine Akrobatentruppe von fünf jungen, kräftigen Männern gesehen, die ihre zehn Minuten so schwer arbeiteten, daß sie sich nachher keuchend auf die Erde legten, weil sie die wenigen Stufen zu ihrer Garderobe nicht hinaufgehen konnten. Diese Menschen haben keine Lust an Bosheiten und Gehässigkeiten. Ihre Gutmütigkeit ist rührend. Von meinen Tierkollegen gar nicht zu reden.

Nie habe ich eine Roheit des Dresseurs gesehen, sie leben ganz mit den Tieren, versuchen, ihnen jeden Wunsch von den Augen abzulesen. Der Affe Consul schlief im Theater, damit er sich beim täglichen Transport nicht erkälte. Sein Herr blieb jede Nacht bei ihm.

Ich habe mit eigenen Augen gesehen, wie der Dresseur nach der Vorstellung den Affen mit aufgehobenen Händen bat, wenigstens eine Banane zu essen, und als der Affe seine lange schmale Hand auf die Stirn legte, zum Zeichen, daß er Kopfschmerzen habe, bitterlich zu weinen begann.

Einmal hatten wir ein Hundetheater, da saß in der Kulisse artig ein kleiner weißer Pinscher, ich ging auf ihn zu und streichelte ihn. Er sah mich nicht an, stand nicht auf, wedelte nicht. Plötzlich wurde ich etwas unsanft beim Arme gepackt, und ein Artist sagte: „Gehen du fort, lassen das Hund in Ruhe."

„Ich tue ihm nichts, ich habe ihn doch nur gestreichelt." Er sagte: „Man darf dieses Hund, welches arbeitet, nicht zerstreuen."

Also darum hat er mich nicht angesehen; er hat auf sein Stichwort gewartet! Ich war sehr beschämt, zu meinem Künstlerkollegen „Pssss, Pssss" gesagt zu haben. Er wird sich was Schönes über mich gedacht haben: „Dilettantenpack" oder so etwas Ähnliches.

Das allerreizendste waren aber die Seehunde. Vier große und ein junger Seehund, was die alles konnten! Sie spielten Ball, sie jonglierten mit brennenden Fakkeln, es war nicht zu glauben. Der kleine Seehund hatte nichts zu tun, er legte sich nur nach jeder gelungenen Piece auf den Rücken und applaudierte mit den Flossen, was immer einen Sturm von Begeisterung beim Publikum auslöste.

Aber einmal versagte er, ich hörte, wie die Dresseurin ihm drohte und leise sagte: „Na warte, nach der Vorstellung", aber er folgte absolut nicht. Nach ihrer Nummer begaben sich die fünf Seehunde und die Frau einen Stock tiefer. Unter der Bühne war ein großes Wasserbassin aufgestellt, ich lief mit und bat immerzu: „Schlagen Sie ihn nicht, schlagen Sie ihn nicht!" Aber die Frau sagte: „Das verstehen Sie nicht, ich muß, er macht mir das bei jeder Nachmittagsvorstellung, er will nur am Abend arbeiten, ich muß ihn hauen." Ich sagte: „Der arme kleine Kerl, er weiß doch nicht mehr, was er getan hat." – „So?" sagte die Frau, „das werde ich Ihnen gleich beweisen." Zuerst bekamen die braven Seehunde jeder einen großen Fisch, dann rief sie den kleinen, er watschelte langsam herbei: „Zeig schön der Dame, warum du Prügel bekommst! Was hast du nicht gemacht?" Da legte er sich so blitzschnell auf den Rükken und applaudierte so rasend, daß wir beide hell auflachten. Dann bekam er ein paar feste mit der Peitsche über den Rücken. Es muß ihm aber nicht sehr weh getan haben, denn seine Augen verloren den lustigen Ausdruck nicht, es war der frechste Seehundslausbubenblick, den man sich denken konnte.

Heute ist er schon erwachsen und hat Würde und Ehrgefühl, wie es sich für einen Artisten geziemt.

Der aufregendste Tag beim Varieté ist immer der Erste des Monats, wenn das neue Programm ankommt. Da war freilich oft etwas dabei, das unsern Direktor recht enttäuschte. Unser Direktor war ein älterer, kränklicher Herr, aber der originellste und witzigste seiner Art. Er war der Bruder eines unsrer bedeutendsten Wiener Verteidiger, beide waren berühmt durch ihre geistige Überlegenheit jeder Situation gegenüber.

An einem solchen gefährlichen Ersten saßen der Direktor und sein Stellvertreter wie immer in der Loge zur Kritik.

Eine Nummer war schlecht, eine zweite Nummer schlecht, bei der dritten traute der Stellvertreter seinen Ohren nicht, der Direktor zischte laut und deutlich, er faßte nach seinem Arm: „Um Gottes willen, Herr Direktor, Sie zischen in Ihrem eigenen Theater?" Aber er sagte nur: „Weil's wahr ist" und zischte unverdrossen weiter.

Wir hatten nicht nur zwei Kabaretts, ein Varieté, wir hatten auch ein Panoptikum. Was es erst da alles gegeben hat! Einmal wurde dem Direktor ein neuengagierter Riese vorgestellt. Der Direktor betrachtete ihn genau, legte sich in seinen Lehnstuhl zurück und sagte:

„Das muß ich Ihnen schon sagen, Sie sind wohl einer der kleinsten Riesen, die ich je gesehen habe."

Und einmal saß ich zwei Stunden im Vorzimmer, ich mußte den Direktor dringend sprechen. Es warteten ein Feuerschlucker, zwei Diseusen, der dickste und der dünnste Mann, vier Azteken und eine Menge Agenten. Die Türe wollte sich nicht öffnen, endlich stürzt sein Stellvertreter heraus, ich versuchte ihn aufzuhalten, er sagte nur: „Bitte, lassen Sie mich, der Direktor streitet sich fürchterlich mit seinem Neffen über eine Stelle bei Nietzsche, ich muß sofort in die Buchhandlung, einen Band holen."

So war dieser Direktor.

Russische Tänzerinnen waren gerade in Berlin Mode, also mußten wir eine russische Tänzerin haben, koste es, was es wolle, und es kostete sehr viel. Der Agent schwor alle Eide, daß man so etwas in Berlin überhaupt noch nie gesehen hätte und daß sie eigentlich unbezahlbar sei. Sie wurde also auf Treu und Glauben engagiert.

Es wurde ausnahmsweise eine Matinee für die Presse angesetzt. Als sich die Langersehnte beim Direktor meldete, wurde er etwas mißtrauisch und ließ mich rufen: „Loos, während sich die Dame zu ihren verschiedenen Tänzen umkleidet, werden Sie etwas vortragen, nehmen Sie sich zusammen, Sie wissen, es ist für die Presse, Sie müssen eventuell die Situation retten, ich habe das Gefühl, da stimmt etwas nicht." Wobei er auf die Dame wies. Die nur russisch sprechende Tänzerin nickte freundlich zustimmend und lächelte uns zu.

Sie war so jung und sympathisch, nur etwas mies, aber sonst echt russisch.

Elf Uhr vormittags Probe; nur der Direktor und einige Herren im finsteren Zuschauerraum.

Erster Tanz: ein Schwerttanz. Ich stand in der Kulisse und sah zu. Ich wurde immer erstaunter und erstaunter. Ein junges Mädchen mit einem riesigen Schwert ist selbstverständlich unbeholfen, aber so hilflos zu sein, war ein starkes Stück. Das Schwert war immer dort, wo sie es nicht brauchen konnte, es kam ihr zwischen die Beine, und einmal fiel sie im Kreis um das Schwert herum, versuchte, sich an der Schneide festzuhalten, mußte es aber als zu schmerzhaft aufgeben. Es ist sicher leichter, ohne Schwert zu tanzen, aber es hatte ihr's doch niemand geschafft. Sie gab schließlich den Kampf ganz auf und zog sich zurück.

Ich sah ihr nach, solange ich sie sehen konnte, ich war so fasziniert, daß ich ganz vergaß, aufzutreten.

Plötzlich besann ich mich; ich mußte ja die Situation retten! Stolz erhobenen Hauptes begab ich mich hinaus, aber aufgetreten bin ich nicht, ich fiel der Länge nach über das vergessene Schwert – auf die Bühne! Und ich wollte doch eine so schöne, traurige Ballade aus dem vierzehnten Jahrhundert vortragen. Geistesgegenwärtig sang ich einige alte lustige Bauernlieder.

Aber es kam keine richtige Stimmung auf, das

heißt, es wurde schon gelacht, aber nicht so viel wie über meinen merkwürdigen Auftritt. Damals wollte ich sterben, ich wollte mich in das Schwert stürzen, ich weiß aber bis heute nicht, wie man sich in ein Schwert stürzt. Es lag riesig groß und schwer auf der Erde und sah aus, als ob es nicht bis drei zählen könnte.

Aber warum soll ich die Situation retten? Schließlich stand doch noch der weltberühmte Eiertanz der Künstlerin bevor. Endlich erschien sie mit einem großen Korb Eier und verteilte dieselben kunstgerecht auf dem Teppich. Vielleicht achtzig Eier legte sie minuziös genau nach einem nur ihr bekannten System dahin und dorthin. Immer wieder kam sie zurück und richtete ein Ei ein paar Millimeter anders. Die Spannung war auf das allerhöchste gestiegen.

Dann begann der Tanz. Zuerst ging alles ganz gut, solange sie den Eiern fernblieb, aber kaum hatte sie sich dem gefährlichen Zentrum genähert, als sie auf ein Ei trat, und zwar so energisch, daß der Inhalt bis zu mir in die Kulisse spritzte.

Von da an ging es unaufhaltsam weiter: kein Schritt ohne Ei! Dabei war sie barfuß und schnitt fürchterliche Grimassen. Ich glaube, die mathematische Rechnung war falsch, denn es blieb kein Ei ganz – und kein Auge trocken, der Direktor lachte so, daß alle Angst bekamen, es würde ihn der Schlag treffen.

Nun sollte wieder ich kommen, aber ich weigerte mich entschieden, mit meinem blütenweißen Schleppkleid, bis an die Knöchel in Eierspeise stehend, Altenberg vorzulesen.

Der Direktor sah es auch ein, klopfte noch immer lachend dem Agenten auf die Schultern und versicherte ihm, er hätte sich schon lange nicht so gut unterhalten wie an diesem Vormittag.

Was nicht alles passieren kann

Pallenberg, der leider allzufrüh Verstorbene, spielte den liebenswerten Strolch Liliom in dem gleichnamigen Stück von Molnar.

In der erschütternden Szene, in der Liliom zu Tode getroffen auf der Bühne liegt und alle: Liliom Frau, ihre Freundin und deren Bräutigam und ich, als die alte Photographin Holunder, auf das Kommen des Arztes wartend, auf der Bühne standen, waren wir alle wirklich ehrlich ergriffen.

Der Arzt hatte nur ein paar Worte zu sprechen, zuerst: „Gute Frau, Ihr Mann ist tot – die Herren vom Gerichtsärztlichen Institut werden gleich kommen und ihn holen." Dann hat er sich zu mir zu wenden, die ich mit einer Kerze zu leuchten habe, und zu sagen: „Bitte um Papier und Tinte." Und ich führe ihn in das Haus.

Man sollte glauben, da kann nichts geschehen, aber wie gesagt, der Teufel war los.

Also wir standen wie immer nichtsahnend an der Tragbahre, als der Arzt kam. Er untersuchte den Liliom und sagte dann in einer augenblicklichen Sinnesverwirrung: „Gute Frau, Ihr Mann ist tot – die Herren vom Tierärztlichen Institut werden gleich kommen und ihn holen."

Die Wirkung war furchtbar. Pallenbergs Bauchmuskel begann zu zucken – ich drehte mich um –, die andern schlugen die Hände vors Gesicht, und das Publikum begann zu lachen.

Der Schauspieler verlor vor Schrecken jede Besinnung, er hatte nur einen Wunsch – „weg". Er nahm mir die Kerze aus der Hand und sagte: „Bitte um Papier!" und verließ die Bühne.

Das Publikum brüllte vor Lachen.

Immer, wenn wir die Szene spielten, mußten wir an diesen Vorfall denken.

Damit ich aber ja nicht vergaß, flüsterte mir Pallenberg immer, wenn er auf der Tragbahre auf die Bühne gebracht wurde, leise zu: „Lina! Lina, schau, ob der Tierarzt schon kommt."

*

Die meisten Geschichten gibt es ohne Zweifel über „Der Müller und sein Kind", teils wahr, teils gut erfunden. Tatsache ist, daß es fast keine Vorstellung gibt, bei der nicht irgend etwas passiert.

Da dieses Stück nur einmal, höchstens zweimal im Jahr gespielt wird, nachmittags zu Allerheiligen, ist es bei den Schauspielern Sitte, ja zu einer Ehrensache geworden, die Rollen nur flüchtig zu lernen. Die gewisse Nervosität durch zu wenig Proben führt dann zu den lustigsten Versprechungen und Vorfällen.

So hatte die Schwester des ewig hüstelnden Müllers zu ihrem Bruder zu sagen: „Überlege es doch ja recht, Bruder, ehe es zu spät ist. Bedenke nur: du bist sechzig, manchmal auch kränklich..."

In der Aufregung sagte sie: „Überlege es doch ja recht, Bruder, ehe es zu spät ist. Bedenke nur: du bist sechzig, manchmal auch siebzig..."

*

In „Müller und sein Kind" wird die ganze Zeit von der Christnacht gesprochen, in der Geister über den Kirchhof gehen. Nun hatte ein Schauspieler noch zu sagen:

„Und da nun heute Christnacht ist...", aber das Wort Christnacht fiel ihm nicht ein, es entspann sich nun folgender Dialog:

Er: „Und da nun heute..."
Pause.
Souffleuse: „Christnacht."
Er (hört nicht): „Eine Nacht ist..."
Souffleuse: „Christnacht."
(Er hört nicht.)
Souffleuse (lauter): „Christnacht."
Er: „Und da nun heute (Pause) kaltes Wetter..."

Souffleuse (verzweifelt schreiend): „Christnacht!"

Er hört endlich, und in seiner Freude sagt er: „Und heute Christnacht ist, wie ich soeben höre." Aber das Publikum hatte schon vorher gehört und brach in schallendes Lachen aus.

Hui! War der Direktor böse, als er die Geschichte hörte!

*

Meiner Kollegin Marietta, als Kind Elevin des Wiener Hofballetts, wurde damals die Auszeichnung zuteil, eines der beiden Engerln in der „Legende der heiligen Elisabeth" darzustellen. Vom Schnürboden heruntergelassen und an einem breiten Gurt über dem Magen liegend, in möglichst graziöser Haltung von Armen und Beinen ein schwebendes Englein vorzutäuschen, war ihre Aufgabe. Es wurde vormittags den beiden Kindern eingeschärft, wegen des Gurtes vorher nichts zu essen und ein möglichst seliges Gesicht zu machen.

Aber das andre Engerl – so erzählte Marietta – hatte Hunger, vergaß das Verbot und aß vorher ein Paar Würstel mit Kren.

Zuerst ging alles fein, die beiden Kinder schwebten mit seligen Gesichtern und erhoben gefalteten Händchen lächelnd über der Elisabeth.

Aber plötzlich bemerkte Marietta, wie der Gesichtsausdruck ihrer Partnerin immer unseliger wurde. Zuerst sanken die Ärmchen herab – dann die Beinchen

– und schließlich ließ sie das Köpfchen hängen wie eine verwelkte Blüte. Und gerade als Elisabeth sang: „O Herr, laß deinen Segen tauen auf meines Vaterlandes Auen!" kehrten die Würstel mit Kren vom Himmel zur Erde zurück.

Darüber erschrak Marietta so sehr, daß auch sie ihrerseits Arme und Beine hängen ließ.

Die Sängerin der Elisabeth wickelte sich, so gut es ging, in ihren blauen Samtmantel, um sich vor dem Tau zu schützen. Bis zum Schluß hingen die beiden Englein wie leere Wursthäute in der Luft, und Marietta sagt, sie wird es nie vergessen, und wenn sie auch so alt werden würde, um zum Ballett zurückkehren zu können.

*

Wir spielten „Elisabeth von England" bei geteilter Bühne. Oben beteten die Engländer um den Sieg gegen Spanien. Unten die Spanier um den Sieg gegen England.

Kurz vor der Meldung, daß die spanische Flotte, die „Armada", untergegangen sei, hat die große Orgel einzusetzen.

Viktor Kutschera, unser unvergeßlicher, immer gut aufgelegter Kollege, spielte den Kardinal. Mein Bruder, Karl Forest, den König Philipp. Oben betete die Königin von England: „Herr, gib unseren Schiffen den Sieg!" Unten betete der Kardinal: „Herr, gib unseren Schiffen den Sieg!" Dann warteten alle, bis die

Orgel einsetzte. Sie setzte aber nicht ein – aus irgendeinem Grunde versagte sie –. Kutschera benützte die Pause und sagte leise zu meinem Bruder: „Du, Karl, die Orgel geht net." Dann betete er laut weiter: „Oremus te Domine." Die Orgel rührte sich nicht.

Mein Bruder legte die Hand auf den großen Globus, der vor ihm stand, und starrte (um die lange Pause zu verspielen, wie das bei uns heißt) mit einem weltfern sprechenden Blick vor sich hin.

Jeder Zoll ein König.

Kutschera, dem schon fad wurde, flüsterte dem König zu: „Die Orgel geht net!" Mein Bruder rührte sich nicht. „Karl, pst! Du, Karl! Wenn jetzt der ‚Armada' a nix gschehn ist, was mach ma dann?"

Mein Bruder sagte nachher: „Wenn ich je König von Spanien werden sollte – eines weiß ich: der Kutschera als Kardinal kommt mir nicht ins Haus!"

*

Wir probten „Faust", erster und zweiter Teil, die an einem Abend gegeben werden sollten. Die Proben waren furchtbar, sie dauerten oft von zehn bis in den späten Nachmittag.

Alle mußten mehrere Rollen darstellen. Ich hatte im Osterspaziergang zu tun und eine Sphinx zu sprechen, eine Hexe zu singen und zu tanzen und am Schluß die Baucis zu spielen.

Am Ende einer solchen Probe standen wir, Baucis und Philemon, auf der Bühne und warteten auf den Auftritt von Kutschera, der den Wanderer verkörperte. Das heißt, wir standen nicht, wir schwankten schon vor Müdigkeit.

Kutschera sollte kommen und sagen:

*„Ja, sie sind's, die dunkeln Linden,
und ich soll sie wiederfinden."*

Kutschera kam auch, breitete die Arme aus und schmetterte mit seinem Prachtorgan in den leeren, widerhallenden Raum die Verse:

*„Ja, sie sind's, die dunkeln Eiben,
diese Proben sind zum Speiben!"*

Die Wirkung war erstaunlich. Jede Erschöpfung war verschwunden, wir haben uns alle wieder frischgelacht.

Schauspieler

Frau Werbezirk kam eines Tages sehr aufgeregt ins Theater. „Kinder, nein, so was; ich habe gestern unsern alten Kollegen W. besucht. Ihr könnt euch keine Vorstellung von dem Elend machen, er hat einfach nichts mehr! Ein leeres Zimmer. Nur ein paar Kränze, Bilder und Programme von seinen Glanzrollen an der Wand.

Kein Tisch, keinen Sessel, keinen Kasten – ein altes Klavier ohne Deckel steht in der Mitte vom Zimmer –, und in dem Klavier schläft er, auf Stroh und Zeitungspapier! Er hat nur noch einen Anzug, ich habe in meinem Leben so etwas noch nicht gesehen. Wie ich hinkomme, liegt er – mit Respekt zu sagen – noch im Klavier, umgeben von Reclambücheln, und deklamiert den Wallenstein.

So ein guter Schauspieler, wie der einmal war, es muß etwas für ihn geschehen. Ich gehe jetzt zum Direktor hinauf, er muß etwas für ihn tun, er muß ihm etwas zum Spielen geben, und wenn es noch so eine kleine Rolle ist!"

Und sie ging zum Direktor, und er versprach, ihn bei Gelegenheit zu beschäftigen – und er hielt sein Wort.

W. wurde für ein geplantes Gastspiel verpflichtet und fuhr mit. Nun ist es beim Theater Sitte, daß in fremden Städten nur in erstklassigen Hotels (wegen des Ansehens) abgestiegen wird, und es wohnen alle, ohne Ausnahme, auch die, die kleinste Rollen spielen, im gleichen Hotel.

So kam es, daß unser armer alter Kollege plötzlich wie ein Fürst wohnte.

Frau Werbezirk war selig, jemand so glücklich gemacht zu haben.

Als sie am Morgen nach der ersten Vorstellung hinunterkam – wer saß schon in der fabelhaften Halle, in einem tiefen, weichen Lederfauteuil; in der einen

Hand eine Zeitung, in der andern eine große Zigarre – der alte W.

Sie blieb einen Augenblick stehen und weidete sich an dem friedlichen Bild. Dann ging sie mit einem glücklichen Lächeln auf ihn zu und sagte: „Fein, was?" Er blickte einen Moment auf, streifte nachlässig die Asche seiner Zigarre auf den kostbaren Perserteppich und sagte mit einer ganz großen Gebärde:

„Ganz nett! Wirklich ganz nett, liebe Kollegin –, aber zu Hause ist es nicht!"

*

In den zwanziger Jahren gab es in Wien einen genialen, aber wegen seiner Trunksucht berüchtigten Schauspieler namens Reitzenberg. Es wurde von ihm erzählt, daß er den ganzen Ruhm, den er erntete, als Rum versoff.

War es die weite Reise, der kalte Wintertag, irgend etwas veranlaßte ihn, einen Vorschuß auf den kommenden „Ruhm" zu nehmen, kurz, bei einem Gastspiel in Prag ergab sich eine ganz selten auf einer Bühne gesehene Handlung.

Es wurden „Die Räuber" gespielt; in der Szene, in der Carl Moor sich an den Baum zu binden hat, um sich als wehrloses Opfer seiner Bande preiszugeben, näherte er sich zwar dem Baum, aber plötzlich tauchte in seinem Unterbewußtsein irgendeine dunkle Erinnerung von einer anderen, in gewissen Situationen zweckmäßigeren Verwendung von Bäumen auf. Diese Vorstellung bedrängte ihn so, daß er ihr freien Lauf ließ! Die Räuber, gewiß an furchtbare Erlebnisse gewöhnt, standen erstarrt vor Schreck – aber ihr Räuberhauptmann blieb so harmlos unbefangen – daß er schleunigst mit dem Baum in die Kulisse abgeschoben werden mußte.

Abschied vom Theater

Manchmal sagte die Großmutter zu uns Enkel: „Schade, daß nicht ich eure Mutter bin, ich möchte euch diese Sachen schon austreiben!" Sie sagte es in einem Tone, der klang wie scharfes Pfeifen einer schwingenden Rute.

Wir Kinder wußten damals noch nicht, wie gut unsere Mutter zu uns paßte, aber wir ahnten schon, daß die Großmutter als Mutter kein guter Fang für uns gewesen wäre.

Ihre Söhne und Töchter, also auch unsere Mutter, blieben beim Kommen einige Schritte vor ihr stehen und sagten: „Guten Tag, Mutter, wie geht es Ihnen?" Sie warteten, bis ihnen die Hand zum Kusse gereicht wurde.

Nicht so die Enkel – mein Bruder und ich stürzten ins Zimmer, riefen frech: „Grüß dich Gott", küßten irgendeine Hand, die wir gerade erwischten und wendeten uns wichtigeren Dingen zu.

Großmutter zog die Stirne kraus, schüttelte den Kopf, sah unsere Mutter strafend an und sagte: „Was soll aus solchen Kindern werden?"

Was sind wir wirklich geworden? Schauspieler!

Mein Bruder mit mehr und ich mit weniger Erfolg – und jetzt machen wir uns beide mit dem Gedanken vertraut, diesen Beruf zu verlassen – mein Bruder mehr und ich weniger freiwillig, aber darum handelt es sich nicht.

Solange es Menschen gibt, die träumen, die sich gerne in der Fantasiewelt herumtreiben – die nicht satt werden von der Realität des Lebens – solange wird es Schauspieler geben – also immer: davon bin ich überzeugt! (Ob es immer Menschen geben wird, die durchaus *zuschauen* wollen, kann man nicht so sicher behaupten.)

Der *echte* Schauspieler spielt, weil es ihm ein Bedürfnis ist, weil er lebenshungrig ist, weil ihm *ein* Leben nicht genügt.

Weil der Zustand zwischen Wirklichkeit und Unwirklichkeit ein großer Reiz ist, das ist ja auch der ewige Zauber des Lebens. Es ist schön, sein sonst so heißgeliebtes „Ich" zeitweise aufzugeben und ein „Irgendwer" zu sein.

Mein Bruder und ich haben viel erlebt beim Theater, immer hat sich etwas ereignet. Den Begriff von Raum und Zeit, der während des Spiels aufgehoben ist oder sich verwirrt, auseinanderzuhalten, ist gar nicht so leicht. Alles hat unsere Mutter, als sie lebte, mitgelebt, sie war stets bereit, mit-zulachen oder mit-empört zu sein.

Einmal tat sie den weisen Ausspruch: „Ich weiß nicht, was die Menschen wollen – Kinder sind Kinder und Schauspieler sind halt Schauspieler!"

Denn nicht immer werden sie richtig verstanden, diese kindlich bleibenden Menschen mit ihrer unersättlichen Sehnsucht nach Romantik des Lebens – wer sie nicht versteht, der ist und bleibt – dies schleudere ich allen zum Abschied an den Kopf: ein hoffnungslos Erwachsener!

FREUNDE

Eine Nacht im Grabencafé mit Peter Altenberg und Egon Friedell

Wenn ich im Grabencafé, als ich müde wurde, meinen Kopf in P. A.'s Schoß gelegt hätte:

(Peter legt segnend seine Hand auf meinen Kopf) „Königin des Lebens, die du schenken kannst schenken schenken und doch nie ärmer wirst. Du legst deinen Kopf in meinen Schoß, in Wirklichkeit aber liege ich vor dir auf den Knien! Amen!"

(Er überzählt das Zeilenhonorar und ist unzufrieden. Ein Cavalier erscheint. Peter schildert begeistert *sein* Erlebnis. Der Cavalier bietet 100 Kronen, mich halten zu dürfen. P. A. geht sofort darauf ein.)

Egon: „Das kannst du doch nicht machen, Peter, wo sie so vertrauensvoll war!"

Peter: „Wieso?, wenn sie schläft?"

Wenn ich im Grabencafé, als ich müde wurde, meinen Kopf in Egon's Schoß gelegt hätte:

(Egon zu Peter, kurz: „Selbstverständlich", fährt im Gespräch fort): „Es muß doch etwas an mir dran sein, nachdem ein Saal voll Menschen..."

(Beim 16ten Viertel ruft er „zahlen", gerät mit dem Kellner wegen Betrugs in Streit, legt mich weg, vergißt mich und geht ab)

Mein Freund Dr. Egon Friedell

Egon Friedell und ich sind Jugendfreunde.

Er hat mich einmal gebeten, es niemand zu sagen und ich war noch so dumm, zu fragen: „Warum darf ich das nicht erzählen? Es ist doch wahr!"

Egon: „Ich will es nicht haben, daß du sagst, wir sind Jugendfreunde, die Leute glauben dann, weiß Gott wie alt ich schon bin."

So eine Frechheit, wo ich doch jünger bin als er.

Als Egons erster Band der „Kulturgeschichte" erschien, zeigte ich wenig Lust, sie zu lesen. Ich scheute vor so viel Wissen und Bildung zurück wie ein Pferd vor einem tiefen Graben, kurz, ich weigerte mich.

„Ja, was stellst du dir eigentlich unter einer Kulturgeschichte vor?" fragte Egon erstaunt.

„Unter einer Kulturgeschichte stelle ich mir ein sehr dickes Buch vor, in dem lauter Sachen stehen, die mich nicht interessieren."

„Du irrst", sagte Egon, „*so* umfassend ist das Werk nicht!"

Ich schreibe dies nur, damit man gleich erkennt, was wir für Freunde sind; unsre Beziehung ist mehr herber Natur!

Die Menschen haben im allgemeinen zu viel oder zu wenig Respekt vor Gelehrten.

In der lieblichen Kriegszeit, in der man aufs Land fuhr, um Mehl, Brot und Butter zu erbetteln, versuchte auch Frau Hermine, Egons Hausdame, bei einer Bäuerin ihr Glück.

Sie wurde, ehe sie für sündteures Geld die kostbaren Gaben erhielt, ausgefragt: Bei wem sie sei, was der Herr sei – und was für ein Geschäft er habe?

Frau Hermine zögerte mit der Antwort, schließlich sagte sie: „Ja, wie soll ich Ihnen das erklären; der Herr, bei dem ich bin, hat kein Geschäft, er liest und schreibt den ganzen Tag,"

„O mei", rief die Bäuerin entsetzt: „Solche Leut sollten gar nicht leben!"

Also dieser Ansicht bin ich ganz und gar nicht – weit entfernt –, aber ein wenig Angst habe ich auch vor sehr „Gebildeten", sie sind oft sehr einseitig.

Egon ist gar nicht fad, eher könnte man ihm den Vorwurf machen, daß er manchesmal zu wenig fad ist.

Wenn Egon sich zu sehr gehen läßt, das heißt allzu wenig Würde bewahrt, sage ich immer boshafterweise: „Egon, denke daran, was die Tante gesagt hat!"

Er hatte eine alte Tante, die er und die ihn sehr liebte.

Egon war zu dieser Zeit schon sehr berühmt, seine „Judastragödie" wurde am Burgtheater gespielt, die Kulturgeschichte war schon in fast alle Sprachen übersetzt, was aber die Tante nicht hinderte, zu sagen: „Egon, schau auf dich, sei brav und anständig. Verkehre nicht so viel mit Schriftstellern, Dichtern und Schauspielern, mach uns keine Schande; vergiß nie, daß du der Sohn eines Fabrikanten bist!"

EGON UND DER KRIEG 1914–1918

Zu Anfang des Krieges

Im Herbst 1914 bekam ich von Egon folgenden Brief:

„Liebe Lina! Bei Ausbruch des Krieges befand ich mich in München, ich begab mich sofort auf das österreichische Konsulat. Der Beamte sagte: ‚Wer sind Sie, was wollen Sie?‘ Ich sagte: ‚Ich bin der Landsturm!‘

‚Wo haben Sie gedient?‘

Ich: ‚Ich bin der ungediente Landsturm.‘

‚Uje‘, sagte der Beamte, ‚da würden wir schön ausschauen, wenn wir Sie jetzt schon brauchen würden!‘

Ich erwiderte gekränkt: ‚Ich weiß nicht, mit welchem Recht Sie so geringschätzig über mich denken, da Sie über meine militärischen Qualitäten nicht das geringste Urteil besitzen. Niemand kann wissen, welche Wendung vielleicht gerade ich der Sache im letzten Moment geben könnte.‘

Aber es war nichts zu machen. Also begab ich mich zu den Deutschen. Der Münchner Militärbeamte, ein Mensch, so groß wie das Zimmer, in dem er saß, war kotzengrob.

‚Was, als Freiwilliger wollen Sie gehen? Wissen Sie, wieviel Freiwillige sich bis jetzt gemeldet haben? Eindreiviertel Millionen!! Und die schaun alle etwas anders aus als Sie! Von dem Gewicht, das Sie mit sich herumtragen, *ist einem Infanteristen mit Sack und Pack gerade die Hälfte erlaubt!'*

‚Ich will aber zur Kavallerie!'

Er sagte: ‚Eine Körpererscheinung, wie Sie sie besitzen, ist bestenfalls einem Major gestattet, und in dieser Charge können wir Sie nicht gleich anfangen lassen!' Ich habe gesagt: ‚Verzeihen Sie, aber ich habe nicht gewußt, daß Sie so exklusiv sind. Ich will mich nicht aufdrängen!' Und fuhr nach Wien, wo ich nach kaum sechzigstündiger Fahrt ankam.

Der erste Mensch, den ich in Uniform auf österreichischem Boden traf, war Hugo von Hofmannsthal. Ich erzählte ihm meine Geschichte und er erklärte mir, es gäbe drei Landstürme. Zu einem von diesen dreien gehöre jeder Mensch, aber zu welchem man gehöre, könne niemand wissen. Du glaubst nicht, Lina, wie schwer es mir gemacht wird, den Heldentod zu sterben.

Es grüßt Dich Egon."

*

Irgendein Rowdy stänkerte Egon im Gasthaus an:

„I muaß in Krieg gehn und Sö? Warum gehn denn Sö net?"

Egon: „Wie ich gehört habe, daß Sie gehen, habe ich gedacht – wozu brauchen die jetzt noch mich?"

Der Betrunkene entfernte sich geschmeichelt.

Gegen Ende des Krieges

Einmal ging Egon mit Paul Morgan im Prater spazieren.

Morgan ist so schlechter Laune, wie ein Komiker nur sein kann, wenn er den nächsten Tag zur Musterung bestellt ist.

„Warum bist du eigentlich nicht behalten worden, Egon?"

„Ich habe eine Krampfader."

„Ich auch", rief Morgan begeistert, zog Egon in ein Gebüsch, streifte die Hose auf und zeigte voll Stolz auf ein kleines blaues Äderchen.

„Glaubst du, daß es genügt?"

Egon betrachtete fachmännisch das Bein und sagte: „Es genügt!"

Einige Tage später trafen die beiden einander wieder.

„Es hat nicht genügt", sagte Morgan, „sie haben mich behalten."

„Selbstverständlich, warum auch nicht?" sagte Egon.

„Wieso selbstverständlich? Du hast doch gesagt, es genügt."

„Weil ich dich nicht aufregen wollte, Paul, aber ich habe auf den ersten Blick gesehen, deine Krampfader ist ein Pofel!"

Kurz nach dem Krieg

Egon wurde im Krieg von den Kartoffeln und dem vielen Maisbrot furchtbar dick und ungesund fett.

Eines Tages fuhren wir in der Elektrischen. Uns gegenüber saß eine Dame mit einem kleinen Mädchen, das Egon so unverwandt anstarrte, daß es schon allen auffiel. Plötzlich sagte es laut, ohne einen Blick von Egon zu wenden, mit einem sehnsuchtsvollen Seufzer: „Mutter, ich möcht' gern wieder einmal Grammeln essen."

Egons Ansichten über den Krieg sind seither sehr geteilt.

Der Krieg ist aus! Nahrungssorgen

Oft sprach ich mit Dr. Egon Friedell darüber:

„Weißt du, Egon, ich habe mir gedacht, Gott soll mich jetzt ernähren wie die Lilien auf dem Felde; du – und er hat Wort gehalten – ich lebe – irgend etwas bekomme ich doch zum Essen, was ich aber besonders nett vom lieben Gott finde, ich bekomme durch irgendeinen Zufall immer auch etwas zum Rauchen. Das gehört doch gar nicht mehr dazu?"

Egon fand es auch reizend vom lieben Gott, äußerte nur Bedenken, wenn er wie eine Lilie auf dem Felde lebte, ob der liebe Gott genug Slibowitz auf ihn regnen ließe.

EGON UND DIE POLITIK

Im Jahre 1918, am Tage der Revolution, ging ich mit Egon durch die Stadt. Er hinkte erbärmlich und stöhnte, denn er hatte sich einen spitzen Nagel durch die Schuhsohle eingetreten.

Oft sprachen wir später über diesen denkwürdigen Tag, und ich fragte einmal: „Egon, wenn du schon ganz alt sein wirst und deine Enkerln dich fragen werden: ‚Großvater, du bist bei der Revolution dabeigewesen – erzähle doch, war es schrecklich?' Was wirst du antworten?"

Egon: „Ich werde wahrheitsgetreu sagen, daß es ein unvergeßlich schrecklicher Tag war, aber daß zum Schluß doch alles gut ausgegangen ist, denn jemand hat mir endlich eine Zange geliehen, und ich habe den Nagel herausgezogen."

EGON ALS KRITIKER

Er schrieb einmal, um seinem Freund, dem Direktor Ziegler, eine rechte Freude zu machen, in einer Kritik:

„Das Stück war ausgezeichnet, man gehe hin und sehe es an! Es wird in der Volksbühne gespielt. Das ist das Theater in der Neubaugasse – gleich links neben dem großen Zuckerlgeschäft!"

EGON UND DIE PSYCHOANALYSE

Egon war in einer Gesellschaft, in der Dinge gesprochen wurden, auf die er nicht so antworten konnte, wie er gern gemocht hätte.

So um zwei Uhr nachts griff er plötzlich nach dem Tischtelephon, tupfte irgendeine beliebige Nummer: „Kann ich Professor Sigmund Freud sprechen? Ah, Herr Professor, hier Egon Friedell. Sie wissen doch, wieviel ich von der Psychoanalyse halte (!!), würden Sie die Güte haben und herkommen?! Ja, es ist sehr dringend –, ich habe soeben etwas verdrängt!"

EGON UND DIE SOZIALE FRAGE

Einmal sagte jemand zu Egon:

„Finden Sie es notwendig, Herr Doktor, daß ein Mensch ein Schloß, Diener mit weißen Perücken, einen Park, einen See mit Hunderten von weißen und schwarzen Schwänen hat, wie Professor Reinhardt?"

„Nein, notwendig ist es nicht, denn ich habe Reinhardt noch gekannt, als er ganz arm war, ein Kabinett, ein Bett, einen Tisch, einen Sessel – und zwei, drei Schwäne gehabt hat –, und es ist auch gegangen."

EGON IST AUCH SCHAUSPIELER

Im Anfang seiner Bühnenlaufbahn mußte er auch in Kindervorstellungen spielen. Nach der Generalprobe von „Ali Baba und die vierzig Räuber" küßte er der Dichterin galant die Hand und sagte: „Gratuliere, es ist gut gegangen, das Stück ist aber auch ausgezeichnet!"

Die Autorin entfernte sich süß-sauer lächelnd, und die Schauspieler waren entsetzt: „Aber Herr Doktor, wissen Sie denn nicht, daß man vor der Premiere nicht sagen darf, es war gut?"

„So? Das darf man nicht? Ich hätte also ruhig sagen dürfen, daß das Stück ein Dreck ist?"

*

Einmal spielte Egon den Kaiser in „Turandot".

Eine junge, sehr ehrgeizige Schauspielerin hatte in diesem Stück zwar nur eine einzige Szene, aber dafür eine hochdramatische.

Sie hatte in dieser Szene den Kaiser anzuflehen, das über sie verhängte Todesurteil aufzuheben. Der Herrscher schenkt ihr zwar zum Schluß dieser aufregenden Szene das Leben, aber erst, nachdem sie nach langer Rede – in Tränen gebadet – zu seinen Füßen niedersinkt.

Bei einer dieser Vorstellungen wurde besagte Schauspielerin wie immer von zwei Trabanten hereingeführt.

Egon saß wie immer auf dem Thron und harrte der Dinge, die da kommen sollten; aber kaum hatte er sie diesmal erblickt, wurde sein Gesicht voll milder Güte und er sagte mit königlicher Gebärde: „Ich begnadige dich!"

Die junge Schauspielerin, die noch keine Gelegenheit gehabt hatte, den Mund aufzumachen, war starr und wollte durchaus ihre große Rede beginnen, aber Egon sagte noch gütiger denn zuvor: „Gehe, mein gutes Kind, du bist begnadigt!"

Und da sie keine Anstalten traf, zu gehen, rief er mit gebieterischer Gebärde: „Trabanten, führt sie ab!" Was auch sofort geschah.

Die ehrgeizige Dame, die keinen Spaß verstand, lief, wie sie war, im Kostüm, in die Direktionskanzlei und führte dort eine Szene auf, die womöglich noch dramatischer war als die unterschlagene.

Egon wurde strafweise eine Monatsgage abgezogen, denn seine Entschuldigung, daß ihm die junge Dame heute so besonders leid getan habe, fand beim Direktor keinen rechten Glauben.

*

1921 wurde in Wien am Deutschen Volkstheater die Vorstellung von „Androklus und der Löwe" vorbereitet.

Ferdinand Bonn sollte den Kaiser, Egon Friedell den Löwen darstellen.

Nun hätte Friedell lieber den Kaiser gespielt. Er versuchte auf einem nächtlichen Spaziergang, Bonn zu einem Rollentausch zu überreden.

Bonn war zuerst empört – dann wurde er nachdenklich und plötzlich erklärte er sich damit einverstanden.

„Weißt du, Egon, ich habe da eine fabelhafte Idee – als Löwe kann ich machen, was ich will – ich springe über das Orchester!" Er zeigte sofort auf der Straße, wie er springen würde – „dann brülle ich so –", er brüllte, einige Passanten erschrecken – Bonn wird immer begeisterter... „und dann, paß auf, Egon, was das für ein Lacher wird" – er zwinkerte listig – „dann hebe ich als Löwe an einer Kulisse das Bein!"

Egon fand alles großartig, einfach genial.

Der Direktor Bernauer, dem Bonn am nächsten Tage seinen Plan vorlegte, war einer Ohnmacht nahe.

Bonn mußte den Kaiser spielen. Egon war gekränkt und spielte nicht mit, ging aber in die Vorstellung.

Auf meine Frage: „Nun, wie war der Bonn als Kaiser?" sagte er: „Ausgezeichnet! Er ist ja doch der Ferdinand Bonn! Weil er aber der Ferdinand Bonn ist, hat er sich auch als Kaiser die Nuance des Haxelhebens nicht mehr nehmen lassen."

DOKTOR FRIEDELL ALS LANDWIRT

Eines Nachts, in vorgeschrittener Weinlaune, beschlossen Gustav Waldau, Hans Saßmann und Egon Friedell in Kufstein eine Künstlerkolonie zu gründen.

Merkwürdigerweise kam dieser Plan auch zur Ausführung.

Waldau und Egon hatten schon kleine Häuser, Saßmann aber nur den Grund und auf diesem eine Holzbank. Das war alles, was er vorläufig sein eigen nannte. Dafür war er voll großartiger Pläne für die Zukunft. Er beabsichtigte, Wein zu bauen, Slibowitz aus eigenen Zwetschken zu brennen, schließlich beschloß er sogar, selbst Bier zu brauen.

Egon war absolut gegen Bier, es gab viel Streit, dem Egon ein Ende bereitete, indem er eine Tafel anbringen ließ, auf der zu lesen war: „Auf diesen Gründen ist das Bierbrauen strengstens verboten!"

Der Bau des Hauses von Saßmann verzögerte sich mehr und mehr, aber eines Tages kam er freudestrahlend zu Egon und überreichte ihm ein Manuskript. „Egon, mein Stück ‚Prinz Eugen' ist fertig, das reiche ich jetzt ein, und von den Tantiemen wird dann das Haus gebaut."

Egon las, dann meinte er: „Hans, ich habe den ersten Akt gelesen, und ich kann dir nur sagen, wenn die beiden andern Akten nicht besser sind, fürchte ich sehr – die Bank wird versteigert werden."

Auch im Hause Egons gab es Differenzen.

Egon wollte durchaus eine Kuh kaufen, ein Landleben ohne Kuh erschien ihm als nicht vollkommen.

Frau Hermine weigerte sich mit Recht und wandte sich an mich mit der Bitte, dies Egon auszureden. Sie schrieb: „Sie wissen doch, Frau Loos, was der Herr Doktor für ein Tierfreund ist. Nun versteht doch der Herr Doktor ebensowenig von Kühen wie ich, was wird da alles passieren? Vor einigen Tagen hat ‚Schnack', unser Hund, eine Schlange aufgestöbert und bellte wütend. Der Herr Doktor kam dazu und behauptete, der Hund sei gebissen worden. Schnack hatte auch einen roten Fleck auf den Hinterbeinen und rote Flecke auf dem Bauch. Ich mußte sofort zum Tierarzt. Es stellte sich heraus, daß Schnack bloß auf den Tisch gesprungen war, mit der Pfote in die Himbeermarmelade getreten ist und sich dann am Bauch gekratzt hat. Was wird erst alles mit der Kuh sein? Der Herr Doktor wird doch darauf bestehen, daß sie zum Frühstück eine Tasse Milch bekommt, und wenn sie die nicht trinkt, wird der Herr Doktor glauben, sie ist krank und mich mit ihr zum Tierarzt schicken. Ich will aber nicht immer mit einer Kuh durch den Ort gehen. Der Herr Doktor hat auch schon eine Amsel ins Auge gefaßt, die beim Gehen hinkt, und ein Eichhörnchen, das sehr lange braucht, um eine Nuß aufzumachen, der Herr Doktor meint, daß es vielleicht schlechte Zähne hat. Wenn also der Herr Doktor auf der Kuh besteht, so wäre es vielleicht einfacher, wenn der Tierarzt zu uns zöge.

Was glauben Sie?

Nachschrift:

Die Mäuseplage hat aufgehört, denn ich bin daraufgekommen, daß der Herr Doktor in der Nacht Nüsse aufstreut, was er auf meine ausdrückliche Bitte jetzt unterläßt.

Herr Doktor läßt sich entschuldigen, daß er noch nicht geschrieben hat, denn gerade im Frühjahr habe der Landwirt von früh bis abends zu tun."

Zum Schluß hätte ich noch gern geschrieben: „Egon als Gatte und Vater", aber er hat leider nicht geheiratet, dieser Feigling, und hat mich so um die lustigsten Geschichten gebracht.

Wenn einer Dichter und Professor ist

Mein Freund Franz Theodor – seinen Namen werdet ihr nie erfahren – ist der Dichter F. Th. Csokor.

Eigenartig, zerstreut, stets in Gedanken, setzt er durch sein Benehmen die Mitwelt oft in Erstaunen.

Es war vor vielen Jahren, als er mich von meiner Mutter zu einem Caféhausbesuch abholte. Er trug eine Pullmanmütze und einen hellen Trenchcoat, der einige Flecke aufwies, kurz – der nicht mehr ganz hell war und von mir boshafterweise „Antrenz-Coat" genannt wurde.

Diese Schilderung läßt darauf schließen, daß er auf seine Kleidung nicht sehr heikel war.

Das stellte sich, im Caféhaus angekommen, als Irrtum heraus, denn er zog dort zu meinem und dem Erstaunen aller Gäste einen zusammenlegbaren Kleiderbügel aus der Tasche und hängte besagten Mantel sorgsam auf. Dann begrüßte er stürmisch alle Bekannten seiner Stammtischrunde und stellte mich vor – wobei er diesmal zu erwähnen vergaß, daß er um drei ganze Jahre jünger sei als ich, was aber sicher nur aus Zerstreutheit geschah.

Wir saßen kaum, als er sich bei einem Herrn nach seiner reizenden Frau erkundigte. Ich stieß ihn mit dem Fuße. Es herrschte betretenes Schweigen, denn der Mann hatte sich eben scheiden lassen. Aber ebenso vergeßlich wie hartnäckig ließ Franz Theodor nicht von dem Thema. Ein neuerlicher Fußtritt auf sein Schienbein bewog ihn nur unter den Tisch zu schauen. Sein besorgter Ausruf: „Da muß ein Hund sein!" löste das peinliche Schweigen in allgemeine Heiterkeit auf.

Nach einiger Zeit verließ er den Tisch, kehrte aber bald blaß und verstört zurück.

Ich flüsterte ihm zu: „Was ist denn geschehen?" Er flüsterte zurück: „Denk' dir – ich wollte eben... ich mußte... du verstehst schon... da schrillte neben mir plötzlich ein grelles Glockensignal... ich bin furchtbar erschrocken! So ein Pech... ich bin aus Versehen in die Telefonzelle gegangen!"

Unter diesen Umständen hielt ich es für angezeigt, aus dem Caféhaus möglichst schnell und ohne viel Aufsehen zu verschwinden.

Wir zahlten rasch, und Franz Theodor, noch vollständig verwirrt, verabschiedete sich von einem Herrn mit den Worten: „Auf Wiedersehen, Herr Csokor!"

Ich drängte ihn auf die Straße und äußerte den Wunsch zu fahren, um möglichst bald wieder bei meiner Mutter zu sein.

In der Trambahn versank Csokor sofort in Gedanken – ein neues Theaterstück war im Werden. Durch die Mahnung des Kondukteurs aufgeschreckt, rief er nur unwillig: „Einen Kaffee, mehr Licht, bitte!" Alles lachte. Um die Sache zu verspielen, wie ein Theaterausdruck heißt, sprang er auf, denn er hatte eine junge Mutter mit ihrem Säugling auf dem Arm erblickt, und bot ihr mit ganz großer Gebärde seinen Platz mit den Worten an: „Aber bitte Fräulein, nehmen Sie doch Platz!"

Daraufhin hatte ich den dringenden Wunsch, den Weg zu Fuß fortzusetzen. Zu Hause erzählte ich Mutter, wie Csokor sich bei einem Herrn mit den Worten: „Auf Wiedersehen, Herr Csokor!" verabschiedete und wie alle gelacht haben.

Meine Mutter: „Warum haben alle gelacht?" Ich: „Warum? – Na, hörst du ... er hat doch Csokor zu dem andern gesagt!"

Mutter: „Na und?" Ich: „Mutter!"

Mutter: „Ich kann da nichts Komisches daran finden – es wird halt sein Bruder gewesen sein!"

Es wunderte mich nicht mehr, daß Mutter und Csokor sich immer so gut verstanden.

Sommerreise 1927

Meinen Transport bis Salzburg hatte mein Freund Franz Theodor übernommen.

Im Anfang war er sehr gewissenhaft, die Fahrt von Sievering bis zur Westbahn verbrachte er im Auto stehend, laute Befehle erteilend. Von Zeit zu Zeit drehte sich der Chauffeur um, sah Franz Theodor erstaunt an und sagte:

„Oba, Herrrr...!"

„Zerstreuen Sie sich nicht!" schrie Franz Theodor, und der Chauffeur war sichtlich erfreut, als er uns an einer Abfahrtsstelle ablud.

Im Bahnhof wurde Freund Franz Theodor etwas kleinlaut und bat mich flehentlich, bei ihm zu bleiben, da er noch nie großes Reisegepäck aufgegeben hätte; was ohne weiteres glaubhaft ist. Eine seiner vielen Eigenheiten ist es, alles, was er besitzt, stets bei sich zu tragen. Alle seine Taschen sind so gefüllt, daß er aussieht, als hätte er Elephantiasis oder sonst irgendeine merkwürdige körperliche Entartung. Eine große Tasche mit Büchern und Manuskripten unter dem Arm, ist er jederzeit reisefertig. Diesmal hatte er noch einen Rucksack mit, der ein recht erhebliches Gewicht zu haben schien.

Im Coupé klappte er den Tisch auf, machte jedem einzelnen der drei Mitreisenden eine Verbeugung, selbstverständlich immer mit dem Rücken zu mir, zeigte auf seinen Rucksack und sagte: „Sie gestatten doch?" Alle drei antworteten sehr liebenswürdig: „Bitte sehr!" und sahen mich fragend an. Ich war nicht eingeweiht, aber dafür auf alles gefaßt. Franz Theodor entnahm umständlich und feierlich dem so harmlos aussehenden Rucksack – eine Schreibmaschine und dichtete, laut und stolz. Nach einer halben Stunde waren wir allein im Coupé. Die Herren standen draußen im Gang; es waren entnervte Büromenschen, die Urlaub genommen hatten, weil sie das eintönige Maschinengeklapper nicht mehr ertragen konnten. Aber erlaubt war erlaubt, und es hätte ja wirklich ebensogut irgend etwas Reizendes in dem Rucksack sein können. Es war eben ein Risiko gewesen.

Franz Theodor merkte von alledem nichts, er war sehr stolz. Er ist übrigens auf alles stolz. Er ist stolz, wenn er krank ist, wenn er gesund ist, wenn er Geld hat, wenn er keines hat, er ist chronisch stolz und geistesabwesend, damit muß man sich abfinden.

Gegen Mittag wurde er unruhig. Es gibt Menschen, die leidenschaftlich trinken, spielen, rauchen, Franz Theodor ist ein leidenschaftlicher Esser. Wer je in Gegenwart eines Kindes Schokolade gegessen hat, kennt einen Blick aus Kinderaugen, der unwiderstehlich ist. So der seine. Die bösesten Menschen können nicht allein weiteressen, wenn ihnen Franz Theodor zusieht.

Aber im Speisewagen hat er alle meine Erwartungen übertroffen. Beim ersten Gang war er hingerissen von der Macht des Kellners, der nach Gutdünken Portionen austeilte, er ließ keinen Blick von ihm, versuchte, ihn zu hypnotisieren. Alles vergeblich, seine Portion war kleiner als meine. Um unnötiges Aufsehen zu vermeiden, tauschte er ohne weitere konventionelle Gespräche seinen Teller gegen den meinen aus. Beim zweiten Gang war er schon gefaßter; als sich der Kellner näherte, in der einen Hand ein riesiges Tablett, in der andern Löffel und Gabel, wollte ihm Franz Theodor, ehe der entscheidende Moment kam, heimlich ein kleines Trinkgeld geben. Aber wohin damit? Er war in Verlegenheit. Ich folgte dem Schauspiel gespannt. Hätte der Kellner in diesem Augenblick den Mund geöffnet, Franz Theodor hätte nicht gezögert und das Geld hineingelegt. Es war aber nicht mehr notwendig, der Blick hatte bereits gewirkt, die Portion war reichlicher, als man sie in einem Speisewagen je gesehen hat.

In Salzburg übergab er mich sehr stolz Frau Margarete Köppke, mit der ich nach Berlin weiterfuhr.

Margarete Köppke ist schwer zu beschreiben.

Sie sagt so kluge Sachen wie ein sechzigjähriger Weiser und handelt zugleich wie eine besonders kindische Sechsjährige. Franz Theodor behauptet, sie sei so wild, der Teufel hätte sie bestimmt auf Erden vergessen, und wer sie eben kennenlernt, ist bezaubert von ihrem zarten, elfenhaften Wesen. Sie ist keine Frau, kein Mann, kein Kind, oder alles zu gleicher Zeit. Mit einem Wort, dieses Wesen ist Künstlerin in Reinkultur.

Im Schlafwagen von München nach Berlin spielte sie Fremdenführer, zeigte mir die Errungenschaften der Jetztzeit. Hantierte mit elektrischen Lampen und Steckkontakten, daß mir die Haare zu Berge standen, zeigte mir vierzehn verschiedene Arten, blitzschnell in das obere Bett zu gelangen, ohne die Leiter zu benützen. Ein halbwegs ehrgeiziges Eichhörnchen hätte daraufhin sofort bei ihr Turnstunden genommen. Dann läutete sie und sagte: „So, und jetzt wirst du sehen, wie schnell hier Bedienung kommt; man kann alles haben, was man braucht." Aber jetzt hatte sie sich verrechnet, sie hatte zu Anfang des Satzes geläutet und war noch nicht damit fertig, als der Schlafwagenfürst erschien, und wir brauchten – absolut nichts! Sie hatte gerade noch Zeit, sich wie eine fast Erwachsene hinzusetzen, und sagte etwas vornehm zögernd: „Ach – bitte – können Sie mir vielleicht sagen – ja – wie viele Grenzen noch bis Berlin sind?" – „Wir sind in Deutschland, meine Dame", sagte er und verschwand merkwürdig schnell. Margarete sah mich vorwurfsvoll an und zog sich still in das obere Bett zurück. Ich warf ihr noch die Rolle zum Lernen hinauf. Sie soll jetzt in Berlin die Kressida in „Troilus und Kressida" spielen, aber ohne daß der Wagen eine besondere Bewegung gemacht hatte, flog das Buch wieder herunter.

In Berlin stiegen wir in einem fabelhaft vornehmen Hotel ab. Wir hatten zwei Zimmer mit je einem eigenen Klosett, zwischen den beiden Zimmern ein Badezimmer mit Klosett, gegenüber am Korridor war auf alle Fälle noch ein Klosett. Ich hatte viel gehört von dem Luxus der Berliner Hotels, aber das hatte ich nicht erwartet, in meinem ganzen Leben war ich noch nie von so vielen Klosetts umgeben gewesen, es war einfach berauschend.

Was die Deutschen anlangt, habe ich beobachtet, daß sie einen eigenen Sinn haben. Jeder denkt an alle Deutschen. Zum Beispiel sagt der Kellner: „Warum haben Sie nicht alles aufjejessen?" – „Bitte, ich hatte keinen Hunger." – „Für solche Fälle haben wir die halbe Portion einjeführt, das nächstemal nehmen Sie die, nun muß das Zeuch wechjeworfen werden, das ist doch ein effektiver Schaden!" – Nachdem es weder für ihn noch für den Wirt einer ist, kann es doch nur ein Schaden am Nationalvermögen sein. In Wien habe ich einmal einen Kondukteur darauf aufmerksam gemacht, daß am hellichten Tag überall im Wagen Licht brenne. Er lächelte galant, machte eine kleine chevevaresque Handbewegung und sagte: „Spielt gar ka Rolle." Nein, wir sind nicht so. Eine Berliner Verkäuferin sagt: „Nehmen Sie doch lieber deutsches Fabrikat, es ist billiger und fast ebensojut." Und einer Kollegin ruft sie hinüber: „Fräulein, machen Sie es doch besser so, da sparen Sie Zeit und Kraft", und niemand sagt: „Das geht Ihnen einen Schmarren an."

Köppke ist etwas unwillig und meint verweisend: „Bitte, sage doch nicht immer: ‚Schau, was die Deutschen treiben' – du vergißt, daß ich auch eine Deutsche bin und selbst sehe, daß manches nicht so nett ist wie bei uns." Womit sie Österreich meint. Da soll man sich auskennen.

Hier schützt jeder die deutsche Nation, und in Österreich ist jeder der Ansicht, daß wir nur einmal leben.

Beides hat etwas für sich.

Aber nächsten Sommer möchte ich irgendwohin fahren, wo jeder Mensch an alle Menschen denkt wie an sich selbst.

„Ich bin neugierig", sagte Köppke, „ob du einen Ort findest, der in keinem Lande liegt", und legt sich in die Sonne, die sie international bescheint.

Sommerreise 1931

Ich bin Österreicherin durch und durch; im Zentrum der Stadt Wien geboren und in der Stephanskirche getauft. Das Leben hat mich später etwas an die Peripherie der Stadt abgedrängt, aber sonst geht es mir ganz gut. Ich hatte die Ehre, viele berühmte Wiener während meines schon etwas länger dauernden Lebens kennenzulernen, ja, es gab sogar eine Zeit, in der ich selbst etwas von solcher Berühmtheit besaß. Mein Bruder war Präsident des Bühnenvereines, meine Schwägerin Burgschauspielerin, und meine Eltern waren Besitzer eines der größten und bestgehenden Kaffeehäuser. Ich war „mitberühmt", einer der angenehmsten Zustände, die es gibt, aber damals war ich noch dumm – kurz, es stach mich der Hafer, und ich schrieb ein Theaterstück. Es wurde trotz meinen guten Beziehungen für Wien angenommen und wider jede bessere Erfahrung sogar gespielt.

Mein Sturz war jäh!

Die Bevölkerung brachte mir von nun an ein gewisses bürgerliches Mißtrauen entgegen: „Möcht' wissen, wozu dö dös nötig hat." Aber das Leben heilt alle Wunden, und nichts wird so rasch vergessen als ein Theaterstück, das nicht einmal aufsehenerregend durchgefallen ist.

*

Nicht nur in Wien, auch in anderen Städten gibt es Menschen, die von Zeit zu Zeit das Bedürfnis haben, sich Rechenschaft abzulegen über das bereits gelebte Leben. In einer solchen Stunde entdeckte ich voll Schrecken, daß ich etwas zu erleben versäumt hatte. Nachdem ich in einer längeren Rede tiefe und ewige Worte über den Tod und das Leben gesprochen hatte, legte ich meine Hand sanft auf den Arm meines Freundes Franz Theodor, sah in seine etwas teilnahmslos vor sich hin blickenden Augen und schloß: „Wir alle müssen einmal sterben, wie furchtbar, sich dann sagen zu müssen, es ist zu Ende, und ich habe so viel zu erleben versäumt; darum gehe hin, mein Freund, und besorge sofort zwei Fahrkarten in die Wachau!"

Als Österreicherin durch und durch – war sie mir selbstverständlich unbekannt!

*

Es war ein gewöhnlicher Abend, der sich durch nichts hervortat, an dem ich von Sievering dem ebenfalls der Donau zustrebenden Erbsenbach entlang fuhr. Da der Erbsenbach in Sievering noch nicht schiffbar ist, benützte ich vorläufig die Elektrische, den Bach wegen des gemeinsamen Zieles scharf im Auge behaltend; aber schon in Döbling hatte ich seine Spur verloren.

So kam ich allein bei der Reichsbrücke an und bestieg gegen zehn Uhr abends den stolzen Dampfer „Budapest", der bald unter ungeheurem Gepfeife, Getute, Fahnengeschwenke, Kettengerassel und Sirenengeheul abfuhr; zugleich damit seine bevorstehende Ankunft in Nußdorf ankündigend.

Im Speisesaal traf ich Franz Theodor essend; wer ihn kennt, wird sich nicht wundern. Erste Überraschung: ein gemeinsamer Freund erschien mit einer wunderschönen Frau, um uns eine Station weit das Geleite auf unsrer ersten großen Süßwasserreise zu geben. Franz Theodors Augen leuchteten infolgedessen bis Nußdorf feurig, aber schon in der Nähe von Kritzendorf sah er auf die Uhr und sagte: „Schrecklich, erst drei Viertel elf!" Ich machte ihm daher den Vorschlag, dem Dampfer immer ein Stückchen voraus- und wieder zurückzuschwimmen, was ihn sicher zerstreuen würde; er lehnte es mit der lächerlichen Ausrede ab, er hätte keine Badehose bei sich. In Wirklichkeit aber hatte er Angst, in der Finsternis den Dampfer aus den Augen zu verlieren und dann mutterseelenallein in Linz auf uns warten zu müssen – ich kenne ihn! Wir zogen uns dann in unsre Kajüten zurück und verschliefen am nächsten Morgen den größten Teil der Wachauer Gegend.

Auf Reisen muß man großzügig sein; kleinliche Neugierde liegt uns beiden fern, besonders in den frühen Morgenstunden.

Den Vormittag verbrachten wir auf Deck in bequemen Liegestühlen, Zeitungen lesend.

Der bevorstehenden Genüsse harrend, las ich zuerst die Überschriften und Zwischentitel, aber die Sonne und die Stromluft machten mich sehr müde, und so kam es, daß ich las: „Napoleon sagte: Schreiben Sie!..." und „Kant schrieb die Kritik der reinen Vernunft", „Die Arbeitslosigkeit..." des „Aufgespeicherten Sonnenlichtes", „Roman: ‚Der stumme Zeuge'" –, da fiel mir Franz Theodor ein, und siehe, er schlief; seine zwischentitellose Zeitung war den Händen entglitten. Er schlief und verschlief Burg um Burg. Als aber die Sache mit den Burgen beängstigend überhandzunehmen begann, weckte ich ihn und bat ihn, mir zu erklären, was das damals für eine merkwürdige Zeit war, in der jeder seine Burg am Berg haben mußte, ob es vielleicht so eine Art Weekendbewegung gewesen sei? Franz Theodor ist nämlich schrecklich gebildet. Er weiß einfach alles: nur wenn ich etwas frage, dann weiß er keine Antwort.

„Wo mündet der Erbsenbach in die Donau?" Schweigen! Aber in früheren Jahrhunderten da kennt er sich aus, als ob er dabei gewesen wäre. Was hat man eigentlich von gebildeten Leuten? Sie wissen immer nur, was früher gewesen ist. Aber wenn ich einmal etwas weiß, wird mir nicht geglaubt.

Zum Beispiel: Dialog.

Franz Theodor: „Nun sind wir gleich in Linz, man sieht schon die Lagerhäuser."

Ich: „Was ist drinnen?" – Er: „Das weiß ich nicht." – Ich: „Aber ich." – Er: „So? Na was?" – Ich: „Lauter junge Linzertorten und alte Linzer Goldhauben."

Ich kann ungläubige Menschen nicht leiden.

In Linz sind wir ins Kaffeehaus gegangen, aber auch in Passau und in Grein sind wir ins Kaffeehaus gegangen. Wir gehen sehr gern ins Kaffeehaus. Und für Theater interessieren wir uns auch. In Linz wollten wir in das Theater gehen, aber der Direktor hieß Grob, und da wurde mir so unheimlich zumute; den Besuchen von Theatern stand auch noch entgegen, daß nirgends gespielt wurde.

Passau:

Von einem Besuch von Passau muß ich entschieden abraten, sofern die Begleiter gelernte Kunsthistoriker sind. Diese geraten dort in eine Art Wut, die im August nicht ungefährlich ist; sie rasen bei glühender Hitze von Barock zu Renaissance, von Spitzbögen zu Gewölben mit Verschneidungen, wie sie eben nur in Passau zu sehen sind.

Franz Theodor trieb mich durch Jahrhunderte. Achtzehntes – sechzehntes – neunzehntes – siebzehntes Jahrhundert, daß ich von dem jähen Klimawechsel ganz schwindlig wurde und sehr froh war, als wir endlich bei einem schlichten Kaffeehaus des zwanzigsten Jahrhunderts landeten. Als ich dann noch aus den Journalen entnahm, daß mein Direktor vorläufig kein weiteres Theater übernommen hatte, wurde ich direkt fröhlich, und so kam es, daß wir in die Ilz baden gingen; gerade an der Stelle, wo die Ilz ihre Persönlichkeit aufgibt, um von nun an einfach Donau zu sein. Das heißt, nicht wir badeten, sondern ich allein. Ich hatte Franz Theodor gesagt: „Es baden so wenig Leute, weil es leider hier so viele Blutegel gibt." Ich tat es aus Rache für die Spitzbögen. Zum Glück hat er mir ausnahmsweise geglaubt. Dann fuhren wir zurück nach Grein, und dort sind wir doch in das Theater gegangen, wenn auch nur am Vormittag. Der Notar von Grein hatte die Liebenswürdigkeit, uns persönlich herumzuführen.

PST! PST!

Das Theater in Grein ist das kleinste und bezauberndste Theater, das man sich vorstellen kann; es ist überdies das älteste Theater Österreichs. Franz Theodor sagt, aus dem achtzehnten Jahrhundert, und der Herr Notar bestätigt es.

Es ist im Rathaus selbst untergebracht und nicht leicht zu finden; der Schlüssel hängt links bei der zweiten Tür! In diesem Theater sind noch Einrichtungen, die leider bei uns längst abgeschafft wurden.

So besteht die erste Reihe aus ungepolsterten Fauteuils mit aufklappbaren, versperrbaren Sitzbrettern. Der jeweilige Besitzer des Platzes hatte den Schlüssel selbst in Verwahrung, daher heute noch die bekannte Bezeichnung „Sperrsitz"! Ich kann mir lebhaft vorstellen, wie das früher war: der Vorhang geht auf, ein zuspätkommendes Ehepaar erscheint. „Gib mir den Schlüssel!" – „Ich? Du hast doch den Schlüssel!" – „Ich?" – „Natürlich du!" – „Ich?" (Ruhe, bitte!) – „Ich habe ihn doch dir gegeben." – „Mir?" (Pst! Pst!) – „Bitte, geh nur selbst hinauf in die Burg und hole ihn!" – „Gib mir den Schlüssel von der Zugbrücke!" – „Ich? Den habe ich doch dir gegeben." – „Mir?" usw.

Im Zuschauerraum fallen zuerst – da ungewohnt – zwei große Kleiderkasten ins Auge; sie enthalten den gesamten Fundus des Theaters an Kleidern, Büchern und Rollen. Ich habe leider vergessen zu fragen, wer den Schlüssel hat, nehme aber an, daß ihn wegen des großen Wertinhaltes jetzt der Bürgermeister, früher aber der Kaiser in Verwahrung hatte. Ferner ist im Zuschauerraum noch eine diskrete Tür; sollte jemanden eine unaufschiebbare menschliche Handlung anwandeln, so braucht er nur einen kleinen Spalt der Tür offen zu lassen und kann ungehindert die Vorgänge auf der Bühne weiter verfolgen. (Buchstäblich wahr und notariell bestätigt!)

In diesem Rathaus ist auch der Gemeindekotter. Sein vergittertes Fenster ist so merkwürdig angebracht, daß es schräg über den Zuschauerraum direkten Ausblick auf die Bühne gewährt. Nun soll einmal ein Sträfling durch wildes Geschimpfe die Vorstellung arg gestört haben; zur Ruhe gewiesen, hat er sehr gerügt, daß ein Mann im Zuschauerraum durch Aufstehen die Aussicht behindere. Diese Geschichte ist dem Volksmund entnommen und nicht notariell bestätigt. Ein Kotter mit Fenster ist da, das habe ich selbst gesehen, aber die Sache mit dem Sträfling? Ich müßte erst wissen, was damals gespielt wurde und wer gespielt hat, um beurteilen zu können, ob es sich nicht um eine Demonstration gegen ungesetzliche Strafverschärfung handelte.

Stromabwärts treibend, genossen wir die Landschaft, die zu schildern ich mich nicht „berufen" fühle.

Wir kamen in eine süße poetische Stimmung und sangen die wundersame traurige Ballade von Mörike:

„Ein Schifflein auf der Donau schwamm,
Drin saßen Braut und Bräutigam,
Er hüben und sie drüben..."

Die Traurigkeit wurde stark gemildert durch den tröstlichen Anblick so vieler aneinandergeschmiegter Brautpaare.

Sofort, wenn ich einmal in den Himmel komme, werde ich dem lieben Gott, nachdem ich als Österreicherin durch und durch einige Beschwerden vorgebracht habe, sagen: „Aber das mit der Wachau hast du wirklich fein gemacht, lieber Gott."

Ich wollte noch eine Menge schreiben, aber mein Freund Franz Theodor sagte: „Jetzt ist es aber genug, die Bevölkerung von Österreich ist zwar berühmt durch ihre Langmut, aber dein Geblödel wird sie sich nicht mehr lang gefallen lassen."

Ich finde die Bemerkung unzart.

Panik im Panoptikum

Vor vielen Jahren war in einem Berliner Panoptikum eine Gefängniszelle mit den bekanntesten Mördern verschiedener Zeiten und Länder zu sehen.

Die Verbrecher saßen in Lebensgröße auf Pritschen und waren mit schweren Ketten gefesselt. Wenn auch nur aus Wachs nachgebildet, sahen sie so natürlich aus, daß das sensationslüsterne Publikum kalter Schauer durchrieselte. Da geschah eines Tages etwas Furchtbares!

Eben stand eine Menge Leute vor der Gruppe und betrachtete die Ungeheuer in Menschengestalt – als plötzlich Ketten klirrend zu Boden fielen, sich ein Mörder bewegte – erhob und auf die Menge zuschritt.

Eine wilde Panik brach aus, schreiende Menschen liefen zu allen Ausgängen.

Ehe noch ein Aufseher kam, war der gefährliche Mann verschwunden.

Aufklärung: Ein heute sehr berühmter Maler, damals noch sehr jung und zu solchen Streichen aufgelegt, hatte sich eine erschreckend echte Maske gemacht, einen Sträflingsanzug angezogen und kurz vor Einlaß der Besucher steif und regungslos unter die Figuren gesetzt.

Er war dann nur aufgestanden, um fortzugehen, aber das genügte, um das Bedürfnis nach Sensationen bei vielen auf längere Zeit zu stillen.

Den Namen seiner Helfershelfer werde ich nicht verraten – der Name des Malers läßt sich nicht verheimlichen – er ist bereits zu weltbekannt – es war – Oskar Kokoschka.

EINE FRAU, DIE SCHREIBT, WAS SIE WILL

Wie ich schreiben lernte

Es war der Chefredakteur der Wochenausgabe des Tagblattes, J. U. (Julius UPRIMNY, 1877–1935, Anm. d. Herausgebers), der mich überredete zu schreiben.

„Es handelt sich", sagte er, „eigentlich immer nur um den ersten Satz, alles andre ergibt sich dann schon von selbst."

Wer je zu schreiben versucht hat, weiß, wie richtig diese Bemerkung ist. Man hat Papier, einen Bleistift, einen Radiergummi vor sich und Gedanken, um Bände zu füllen im Gehirn – alles ist da –, nur der erste Satz fehlt. Er fehlt einfach, es ist unheimlich, man kann machen, was man will – er fehlt! Man kann doch unmöglich beim zweiten Satz anfangen? Man stelle sich vor, ein Mensch will gehen, und es fehlt ihm der erste Schritt, da kann man doch auch nicht sagen: „Machen Sie einfach gleich den zweiten!"

Das heißt, sagen kann man viel, aber schreiben?

Man erzählt zum Beispiel eine Geschichte, alles

biegt sich vor Lachen. „Großartig! Das müssen Sie schreiben!"

Man setzt sich also wohlgemut hin und schreibt alles genau und ordentlich auf; wie sonderbar wird einem aber zumute, wenn der Lesende zum Schluß sagt: „Sie erzählen doch so gut, warum schreiben Sie eigentlich nicht einmal etwas Lustiges?"

Das zweite Hindernis beim Schreiben ist das Thema.

Ganz unter uns gesagt, es haben doch alle schon alles einmal geschrieben, den Ehrgeiz, etwas wirklich Neues zu schreiben, muß man aufgeben, man muß sich damit begnügen, listig die ältesten Dinge appetitanregend neu zu servieren.

Meine erste Aufgabe, die ich von meinem Cheflehrer bekam, war das Thema „Liebe und Ehe".

Also bitte, etwas Ausgeschriebeneres kann es doch wirklich nicht geben, aber ich zog mich schlau aus der Falle:

LIEBE UND EHE IN EINEM GANZ NEUEN LICHT

Es gibt eine Form der Liebe und der Ehe, gegen die keine Religion, nicht die strengsten Staatsgesetze etwas einzuwenden haben, obwohl sie zeitlich begrenzt ist, ja begrenzt sein muß.

Ich scheue mich nicht, sie als eine der idealsten Verbindungen hinzustellen.

Zwei Menschen kommen zusammen, gemeinsames Interesse verbindet sie von Anfang an, sie lernen sich kennen in einer festgelegten Probezeit, und zwar so gründlich, daß jegliche Überraschung ausgeschlossen ist. Sie sind bereit, Leid und Freude miteinander zu teilen. Sorgen und Schicksalsschläge gibt es natürlich auch da wie in jeder Ehe, aber was erträgt man nicht alles, wenn man weiß, einmal wird, muß diese Ehe zu Ende sein!

In aller Freundschaft, ohne Haß, ohne einen widerlichen Prozeß – mit einem netten Händedruck trennt man sich wieder, und es ist aus.

Sie werden es längst erraten haben, liebe Leser, daß es sich nicht um Ehen handelt, die im Himmel geschlossen, sondern nur in einer Theaterkanzlei beschlossen wurden, daß sie sich aber kaum, und wenn, nur zu ihrem Vorteil von den sogenannten wirklichen Ehen unterscheiden.

Zuerst die Liebe!

Ist es nicht herrlich, wenn ein Mann einer Frau offen, vor vielen Menschen bekennend, sagt: „Ich liebe dich – nur dich – dich für immer!"

Es ist genau so wahr und genau so unwahr wie im wirklichen Leben – und ebenso begrenzt.

Oder man fühlt, der Geliebte wendet sein Herz einer andern Frau zu – es tut so weh – zwei Stunden!

Zwei Stunden? Zwei Monate? Zwei Jahre?

Begrenzt!

Dann die Ehe. Man weiß bestimmt, daß man jeden Tag zwei bis drei Stunden glücklich verheiratet sein wird. Täglich drei Stunden! Mehr kann man auch in einer wirklichen Ehe nicht verlangen.

Oder man ist unglücklich verheiratet; die furchtbarsten Tragödien spielen sich ab – einmal wird es ja doch zehn Uhr –, man kann fortgehen und sich denken: „Meine Sorgen!"

Das ist der ewige Zauber des Theaters! Alles ist „wirklich" und „unwirklich" zu gleicher Zeit.

Der Darsteller ist er selbst und doch nicht er selbst.

Der Zuschauer träumt und weiß zugleich, daß er träumt. Wirklichkeit und Unwirklichkeit zu gleicher Zeit ist ja auch das große Geheimnis des Lebens und der Zeit.

*

Mein Lehrer ist nicht zufrieden.

„Das ist kein Schluß, das könnte man nur in der Rubrik ‚Für scharfe Denker' bringen. Vielleicht versuchen Sie einmal etwas über die Kunst des Theaterspielens zu schreiben."

„Theaterspielen ist keine Kunst mehr."

Heute kann jeder Mensch Theater spielen erlernen, wie jeder Mensch lesen und schreiben erlernt.

Soviel Intelligenz als nötig ist, um die Technik zu erlernen, hat jedermann, sie erfordert ja nicht mehr, als möglichst gewandt und glaubhaft fremde Gedanken wiederzugeben, und wer könnte das heute nicht?

Früher gab es immer die gleiche Debatte. Ist der Schauspieler größer, der mit Gehirn, Wille und Takt und Bewußtsein eine Rolle darstellt, oder der Schauspieler, der einfach drauflos spielt, voll Natur, mit der Unwissenheit um sich selbst?

Was sind uns heute Technik, ein prächtiges Organ, Wissen oder Unwissenheit, heute wird etwas ganz andres vom Schauspieler verlangt, sofern er als Künstler gelten kann.

Persönlichkeit! Einmaligkeit! Unerlernbares!

Nicht die Verstellungskunst – die echte, wahre Vielseitigkeit einer eigensten Persönlichkeit. Ein Schicksal muß ihn umgeben.

Ein eigenartiges, unergründliches Lebensschicksal voll Besonderheit muß den Zuschauer erschauern lassen.

Der Wert eines Künstlers ist ureigenste Persönlichkeit, aber Theaterspielen kann heute jedermann – das Leben leben kann ja auch jedermann, und doch wird niemand leugnen, daß es nirgends so viele Dilettanten gibt wie in diesem Beruf.

Der Lehrer: „Also, davon verstehen Sie gar nichts, jetzt versuchen Sie einmal, etwas Aktuelles zu schreiben."

„Das aktuelle Thema liegt dem Manne besser, wir Frauen interessieren uns mehr für die guten, alten bekannten Vorgänge des Lebens, wie – Geburt, Liebe, Schönheit oder die Vergänglichkeit der Männer."

„Schwätzen Sie nicht – schreiben Sie!"

DIE WELTLAGE NEUNZEHNHUNDERTFÜNFUNDDREISSIG GESEHEN DURCH DEN BILDUNGSFREIEN BLICK EINER FRAU

Wie man mir erzählt hat – nein, falsch – (Schwierigkeiten des ersten Satzes!). Wie aus den letzten wissenschaftlich gestellten Statistiken hervorgehen soll, leben wir im Zeitalter des Überflusses, das heißt, es gibt genug Mehl und Brot, genug Fleisch und Gemüse auf der Welt – genug für alle Menschen.

Genug Kaffee (sehr wichtig), genug Wein, genug Baumwolle und so viel Kunstseide, um Schweine damit zu füttern.

Auf dem Weltmarkt macht sich eigentlich nur ein starker Mangel an Arbeit bemerkbar.

Da kann ich nur sagen – gemach –! Das ist doch entschieden besser, als wenn es umgekehrt wäre?

Die momentane Weltlage ist daher keineswegs als hoffnungslos anzusehen.

Wenn aber nicht genug Arbeit da ist und anderseits die Menschheit von dem Prinzip „Wer nicht arbeitet, soll auch nicht essen" nicht abgehen will, würde ich folgenden Vorschlag machen:

Es wird durch das Los bestimmt, wer nicht arbeiten darf – denn wenn man schon auf dem Standpunkt steht, wer nicht arbeiten will, der soll auch nicht essen, was eine gewisse Berechtigung hat, so ist doch klar, wer nicht arbeiten *darf*, der darf essen!

Dieses Problem wäre erledigt; es handelt sich jetzt nur mehr um die Verteilung, das heißt den reichen Leuten begreiflich zu machen, daß man nicht unbedingt für jede Hilfeleistung wieder eine Leistung zu verlangen hat, was nämlich die fixe Idee aller Reichen ist.

Ich habe einmal eine elegante Dame beobachtet, wie sie einem Armen etwas gab und sagte: „Halten Sie mir die Daumen, damit ich Glück habe." Ein Ansinnen, das von dem Bettler strikte mit den Worten abgewiesen wurde: „Wos denn net no alles für zwa Groschen?"

Er stand noch auf dem unmodernen Standpunkt, daß die Freude des Gebens genug ist.

Aber was soll man zu einer Zeit sagen, in der Kaffee in das Meer geworfen wird und Menschen rundherum um das ganze Meerufer stehen, die alle gern Kaffee trinken möchten und nur keinen bekommen, weil schon zu viel Kaffee da ist.

Oder: in den südlichen Ländern wird Baumwolle verbrannt, obwohl in den nördlicheren Ländern die Menschen frieren.

Hiebei kann man nicht umhin, auch die Natur zu rügen, es wäre doch viel zweckmäßiger, Baumwollbäume in der Arktis wachsen zu lassen, aber der Natur ist fast ebensowenig Vernunft zu predigen wie den Männern, den Urhebern alles ökonomischen Unfuges. Nein, damit will ich nichts zu tun haben!

*

Ich mache von den wenigen weiblichen Vorrechten der Frau ausgiebigsten Gebrauch; ich kümmere mich weder um Politik noch um Sozialökonomie und rede so viel dummes Zeug, wie ich Lust habe. Weltmännische Bildung ist nicht meine Sache.

Aber als Leserin der „Wochenausgabe" werde ich oft listig verlockt, Artikel zu lesen, die meinem Wesen und meinem Beruf sonst ganz fern liegen.

So fiel mein Blick vor kurzem auf die Zeilen: „Das Ziel der Industrie besteht darin, Käufer sowohl zu schaffen, wie sie auch zu versorgen, so sagt Henry Ford."

Hallo, denke ich, ist denn Henry Ford nicht schon ein ganz alter Herr?

Oder besteht ein Unterschied zwischen Industrie und einem Industriellen?

Angeregt durch diesen vielversprechenden Anfang lese ich weiter und erfahre zu meinem großen Erstaunen: „Die Technokraten (was für ein neuer Beruf?), also besagte Technokraten kündigen den dreistündigen Arbeitstag an!"

Was ich in meinem kurzen Leben (verhältnismäßig kurzen, um jedem Witz vorzubeugen) nicht schon alles erlebt habe! Kampf und Sieg um den Achtstundentag und den drohend angekündigten Dreistundentag!

Gegenteil auf Gegenteil; hätte ich alle diese Wandlungen des Weltgeschehens mitgemacht, ich würde mich selbst umkreisen wie ein Elektron meinen Atomkern (Wochenausgabe) oder ich wäre schon längst (nicht Wochenausgabe) ein Laberl.

Aber ich kann meine Schadenfreude nicht verhehlen, wenn ich lese und sehe, was die Männer mit ihrer Gescheitheit aus der Welt gemacht haben – schlechter hätten wir Frauen es auch nicht machen können. Vielleicht auch nicht besser, denn die seinerzeit gelieferte Männerrippe scheint nicht erstklassig gewesen zu sein.

Aber das liegt schon so lange zurück, wer kann das noch kontrollieren?

Dies nur nebenbei.

Jetzt fragen sich die von mir etwas mißtrauisch angesehenen Technokratenmänner: „Womit soll aber der Arbeiter die Freizeit verbringen?"

Und ich frage mich: Womit verbringt zum Beispiel ein Schauspieler seine freie Zeit? Er wartet, bis er wieder spielen kann, er pfeift auf Freizeit, denn er ist nur glücklich, wenn er möglichst lange und möglichst oft auf der Bühne steht – seine Arbeit ist seine Freude!

Dies ist der Kern der ganzen Sache – Vereinigung von Arbeit und Freude –, aber was geht das alles mich an, das sind Männersachen.

Aber was die Technik an und für sich betrifft, habe

ich darüber eigene weibliche Anschauungen, vor allem, wie sie entstanden ist.

Und zwar so:

Eine Frau hat einmal den Wunsch geäußert, möglichst weit zu sehen – weit, weit, bis in den Himmel; da eilten die Männer an ihre Zeichentische und erfanden das Fernrohr!

Und eine andre, eine Neugierige, wollte möglichst weit hören; da erfanden sie das Telephon.

Eine Frau träumte von vielen schönen, glänzenden Gewändern; die Männer eilten in Scharen in Laboratorien und beglückten die Welt mit Kunstseide.

„Ach, wenn ich doch möglichst rasch von Ort zu Ort käme, am liebsten um die ganze Welt", sagte eine Unruhige.

„Hier sind Schiffe, um über das Meer zu fahren, Expreßzüge über Land – bitte, nur einzusteigen."

„Fliegen möchte ich können", so wurde der Aeroplan geboren. Und eine ganz Ausgefallene wollte sogar unter Wasser leben – nichts ist unmöglich, das Unterseeboot war da.

Das war der Anfang der Technik – denn Technik ist Sehnsucht.

Und das Ende der Technik?

Jetzt sitzen wir da mit der realisierten Sehnsucht – was hat man denn von einer realisierten Sehnsucht?

Von der Realität des Lebens kann man nicht leben. Wir können das Kapitel Technik nun schließen mit den Worten der bekannten lustigen Geschichte: „Was tan ma jetzt?"

*

Aber das merkwürdigste an unserer Zeit (1935) ist, daß besagte Technokraten mit der Frage: „Was macht der Mensch mit seiner freien Zeit" zugleich Tempo in die „Freizeit" bringen wollen.

Eine bestimmte Einstellung zu einer Sache ist oft durch ein Erlebnis beeinflußt, und ich bin beeinflußt.

Es war ein wunderschöner Herbsttag, und ich sagte: „Jetzt ist der Kahlenberg sicher schon voll buntem Laub. Im Frühling, wenn alles blüht, ist die Natur voll jubelnder Lust, aber um diese Zeit im Herbst, da ist sie voll von einem stillen, ruhigen Glück, das ich besonders liebe."

Mein Gott, man redet oft so etwas daher, was man besser bei sich behielte; mein besonderes Pech war es, daß ich es zu einem Manne äußerte, der stark den großen Errungenschaften unsrer Zeit verbunden war.

Er sagte nicht: „So? Ja! Ja!" oder: „Finde ich nicht!" Er sagte: „Fahren wir hinauf! und schon ging er zur Garage. „Wir brauchen zwanzig Minuten hinauf, drei Minuten bleiben wir oben und sehen uns alles an, siebzehn Minuten rechne ich für den Rückweg, in vierzig Minuten haben wir die ganze Sache erledigt; wollen Sie?"

Ich wollte, und schon saßen wir im Auto und fuhren, und schon waren wir oben, nur habe ich da nicht die drei Minuten programmäßig in Naturversunkenheit verbracht, sondern habe hellauf gelacht. Mein Begleiter sah von seiner Armbahnduhr mit einem Kurzblick auf mich, der die ganze Verachtung eines modernen Menschen für einen andern ausdrückt, der so gut wie gar kein Verständnis für erstklassige Sportleistungen hat.

Ich bin eine altmodische Frau und trage noch eine Zeit in mir, in der man so viel Zeit gehabt hat, zu sagen: *„Freie Zeit!!"*

Bin ich froh, daß es damals, als ich heiratete, noch keine Technokraten gegeben hat, wenn ich mir vorstelle, ich hätte voll Sehnsucht auf meinen Mann gewartet, und er wäre gekommen und hätte gesagt: „Liebfrau, es ist Freizeit, ich möchte schnell eine Schönstunde mit dir verbringen."

Ich weiß nicht...

Ich habe damals gelacht auf dem Kahlenberg, aber eigentlich war ich traurig, der arme eingezwickte Genuß hat mir so leid getan.

Das Tempo, das die Technik in unser Leben gebracht hat, ist nicht das Tempo der Besinnung, der Vertiefung, nicht einmal das Tempo der Lust und des Genusses, aber am allerwenigsten das Tempo des Glückes.

Die Disharmonie zwischen der Produktion, der Arbeit und der Konsumation, dem Genusse, sind die Unvereinbarkeit zweier verschiedener Lebenstempi mit einem Menschen.

Es gibt vielleicht heute noch Menschen, die wochen-, monatelang zu Fuß nach Rom wandern, um es zu sehen, ehe sie sterben – und sicher sind viele Menschen gestorben, ohne das Meer zu sehen, was sie sich so gewünscht haben –, ich würde mich nie mehr trauen, so einen Wunsch zu äußern, sonst stoße ich wieder auf einen, der sagt: „Steigen Sie schnell ein in mein Flugzeug, vor dem Abendessen können wir wieder zurück sein" –, und pfutsch ist meine schöne Sehnsucht!

Nein, so billig gebe ich es nicht im Leben, ich bin eine Genießerin, was schon der Dichter Peter Altenberg erkannt hat, denn er sagte einmal: „Wissen Sie, was Sie sind? Sie sind eine Rahmabschöpferin des Lebens", und das bin ich, weil ich schon früh erkannt habe – obenauf schwimmt die Sehnsucht!

*

Lehrer: „Jetzt versuchen Sie einmal, einen Film zu schreiben; das ist doch leicht, und man verdient viel Geld!"

Ich schrieb sofort.

Mein erstes Filmmanuskript

(Ich warne davor, es zu lesen –, wer es liest, tut es auf eigene Gefahr.)

LIEBE UND LEINWAND

Ein reicher Engländer lebt mit seiner Schwester in Wien. (Nicht wegen des Weines, sondern weil er Medizin studiert.) Die Schwester stirbt daselbst, weil sie an einem Flakon roch, es war Blausäure, die ihr Bruder aus dem Spital nach Hause gebracht hatte. Sie dachte, es sei Parfüm.

Der Bruder wird daraufhin ein Sonderling. (Es muß gezeigt werden, daß er von Frauen nichts mehr wissen will, obwohl sie gar nichts dafür können.)

Eines Nachts auf der Stiege stolpert er über ein weinendes Mädchen. Es ist eine Waise, deren sich die Hausmeisterin lieblos angenommen hatte. Unter der Bedingung, daß sie ihm nicht mehr als eine Schwester sei, nimmt er sie zu sich.

Dialog: „Du mußt Englisch lernen, mein Dear!"
Aber sie lernt nicht und geht heimlich in eine Kochschule. (Tragische Schuld.)

Da bricht der Krieg aus. Der Engländer muß einrücken. (Wohin, weiß ich nicht.) Er gibt dem Mädchen sein Bankbuch und bittet sie, seine Wohnung instand zu halten.

Sie hört nichts mehr von ihm. Die Jahre vergehen.

Das Mädchen langweilt sich sehr, und weil sie glaubt, daß er tot ist, behebt sie das ganze Bankkonto, verkauft die Wohnung und eröffnet in ihrer Heimatstadt ein Restaurant. (Ihre Vorliebe zum Kochen!)

Dort verkehrt ein junger Arzt, der sie rasend liebt, aber sie bleibt dem Engländer treu, obwohl sie dazu gar nicht verpflichtet ist.

Eines Tages bekommt sie ein kleines Paket aus China. Inhalt: Eine herrliche Perlenkette! Sie ist erstaunt und trägt die Kette.

Einige Wochen später kommt ein Brief in englischer Sprache. (Sie kann ihn nicht lesen, sie hat ja nicht Englisch gelernt.) Sie bittet den Arzt, ihr den Brief zu übersetzen.
Er putzt sich die Brille und liest vor:

„Liebe! Als ich erfuhr, daß Du mein ganzes Bankkonto behoben und meine Wohnung verkauft hast..."

Die Wirtin wird in die Küche gerufen.

Die Verzweiflung der Wirtin über den angebrannten Braten blendet über in die Verzweiflung einer schwarzgekleideten Frau, die in einem einsamen Haus weit vom Ort hin und her geht. Es ist die Wirtin!

Zwischenbild: Das Restaurant wird gezeigt, es trägt die Tafel „Geschlossen".

Die Wirtin geht noch immer hin und her.
Der junge Arzt erscheint. Sie bittet ihn, ihr doch zu sagen, warum sie in diesem Hause festgehalten wird.
Er sagt nichts.
Niemand weiß, was vorgefallen ist, nur die Behörde ist im Bild (das heißt, die Behörde weiß etwas).
Der junge Arzt war damals mit dem Brief, ohne die Rückkehr der Wirtin abzuwarten, zur Polizei gelaufen und hatte dort, vor Aufregung am ganzen Leib zitternd, den Brief vorgelesen:

„Liebe! Als ich erfuhr (und ich habe es erfahren), daß du mein ganzes Bankkonto behoben und meine Wohnung verkauft hast, wurde ich von furchtbarem Haß erfüllt. Ich beschloß, mich zu rächen. Du hast mich zum Bettler gemacht, hast mich vergessen, nun höre: In der Nähe, wo ich jetzt wohne (China), ist eine Siedlung von Leprakranken, und ich bin dort Arzt. Eines Tages fand ich in der Nähe meines Hauses eine tote Kranke. Sie hielt einen Zettel in der Hand, in dem sie mich bat, vorsichtig ihr Kleid zu öffnen, da sie um den Hals, versteckt, eine kostbare Perlenkette trüge, die sie mir aus Dankbarkeit als Geschenk vermache.

Ich nahm die Kette, legte sie in eine Schachtel mit Watte und sandte sie Dir – ohne sie zu desinfizieren!

Sicher ziert sie seit Wochen Deinen undankbaren Hals. Bald wird sich zeigen, daß Du mich nicht mehr wirst vergessen können, ob Du willst oder nicht.
Es grüßt Dich
James."

Nachdem der junge Arzt den Brief vorgelesen hatte, warf er ihn und die Handschuhe, die er angehabt hatte, in das Feuer.

Auf der Polizei herrscht furchtbare Aufregung. Viele höhere Herren von dort hatten oft in dem bekannt vorzüglichen Restaurant gegessen. Alle haben große Angst. (Was sehr lustig sein kann.)

Der Arzt betont die ungeheure Gefahr einer Infektion. Das Lokal wird geschlossen, um eine Panik der Bevölkerung hintanzuhalten, alles wird geheimgehalten.

Die Wirtin wird in einem einsamen Haus unter Quarantäne gesetzt, nur der junge Arzt muß sie von Zeit zu Zeit besuchen, um sich von ihrem Gesundheitszustand zu überzeugen.

Die Praxis des jungen Arztes hebt sich kolossal.

Alle Beamten der Polizei lassen sich immer wieder untersuchen. (Gelegenheit zu heiteren Zwischenbildern.)

Da wird plötzlich der junge Arzt ermordet aufgefunden.

Alles steht vor einem Rätsel. Mit dem Fall wird der besonders tüchtige Detektiv W. betraut.

Er ahnt einen Zusammenhang zwischen dem Mord und der Wirtin; es gelingt ihm festzustellen, daß die Wirtin aus dem Haus verschwunden ist, obwohl sie von der Polizei in Evidenz geführt wurde.

Ein Lokalaugenschein in der Wohnung des Arztes verläuft erfolglos.

Hingegen erfährt er, daß einen Tag vor dem Mord ein fremder Herr bei der Polizei erschienen ist und um die Adresse der Wirtin gebeten hat.

Dialog: „Es handelt sich um eine dringende Familienangelegenheit."

„Adresse wird verweigert, da Besuche behördlich verboten, aber Sie können ihr einen Brief schreiben."

Der Fremde schreibt einen Brief, klebt eine Marke darauf und übergibt den Brief.

Der Beamte schreibt die Adresse darauf und legt den Brief auf seinen Schreibtisch.

„Sie können gehen." Der Fremde geht.

Der Detektiv hält den Herrn aus China für den Mörder.

Aber warum? Das ist die Frage!

Bei einer neuerlichen Hausdurchsuchung findet er

eine Spur, aber er zuckt mit keiner Wimper. (Großaufnahme.)

In einer Ecke des Zimmers sind Hunderte von alten Zeitungen aufgestapelt. Vollzählig!

Nur eine einzige Nummer fehlt.

Gerade diese Zeitung läßt sich der Detektiv kommen.

Was findet er darin?

Die Geschichte der Perlenkette aus China!!?!!

Der Arzt hatte sie gestohlen (die Geschichte, nicht die Perlen).

Er hatte auf der Polizei etwas vorgelesen, was anscheinend gar nicht drinnen stand.

In Wirklichkeit lautete der Brief so:

„Liebe! Als ich erfuhr, daß Du mein ganzes Bankkonto behoben und meine Wohnung verkauft hast!!! und ein Restaurant eröffnet hast, freute ich mich sehr. Ich habe Dir eine Perlenkette gekauft und geschickt, hast Du sie erhalten? Ich komme bald und hole Dich nach China. Aber nicht als Schwester –, als meine treue Braut. Es grüßt Dich bestens James."

Nun klärt sich langsam alles auf!

Der Arzt hatte nicht vor Aufregung gezittert, sondern aus Eifersucht. (Was darstellerisch im Film leicht verwechselt werden kann.)

Es war tatsächlich der Mann aus China, der auf der

Polizei nach der Wirtin fragte. Ihre Adresse erfuhr er durch einen Zufall, denn als er sich bei der Polizei beim Weggehen nachdenklich auf der Stiege eine Zigarre anzündete, kam ein Mann herunter (er wußte von gar nichts) und bat den Fremden, so gut zu sein und den Brief unten in den Postkasten zu werfen.

Es war sein Brief!

Er holte sofort die Wirtin ab und fuhr mit ihr nach China.

Was weiter nichts macht, da sie ja gesund ist.

Warum und von wem der junge Arzt ermordet wurde (ich gestehe es offen), ist mir selbst ein Rätsel.

Ende

Achtung: Der Film kann überall gespielt werden, nur nicht in England, weil dort alle Leute Englisch können.

Niemand kann mich zwingen niederzuschreiben, was mein Lehrmeister zu diesem Werke sagte – – –

Ich war mir selbst überlassen!

Ich schreibe, was ich will

Ich habe eine berühmte Namensvetterin – Anita Loos –, die ein Buch geschrieben hat, „Blondinen bevorzugt", das ich nicht kenne. Es scheint aber ausgezeichnet zu sein, da niemand auch nur im Traum eingefallen ist, mich für die Autorin zu halten.

Man sagte mir, das Buch hätte eine ganz neue Note; diese Frau hat den Mut, alles, was ihr gerade einfällt, einfach hinzuschreiben.

Das muß ich auch versuchen, das gefällt mir großartig, das kann doch nicht schwer sein. „Ich liebe die Steuerbehörde", da steht es! Ich habe es mir eben gedacht und bin selbst ein wenig überrascht.

Jeder Mensch hat Zeiten im Leben, wo er verzagt, resigniert, den Glauben an sich selbst verliert, aber einen Ort gibt es, wo man immer noch etwas gilt, wo man jedes Minderwertigkeitsgefühl sofort verliert – das ist das Steueramt!

Dort herrscht kein Zweifel, daß man mit allen Glücksgütern gesegnet ist und im Wohlstand und Überfluß lebt.

Welcher Steuerbeamte hätte je an den Erfolgen eines Künstlers gezweifelt? Man braucht ihn nicht erst vom Talent zu überzeugen oder es gar durch Aussprüche von Bekannten zu belegen – er glaubt!

Jeder Geschäftsmann ist in seinen Augen ein genialer Kaufmann. Alle Menschen, in welchem Beruf immer, sind Lebenskünstler, und Genialität und Erfolg sind dort untrennbare Begriffe.

So war es auch für die Steuerbehörde kein Zweifel, daß nur ich dieses erfolgreiche Buch geschrieben haben konnte; ich war stolz und glücklich – irgend jemand muß man doch auf der Welt haben, der an einen glaubt!

Wenn man die Steuerbehörde von dieser Seite betrachtet – als eine Art Heilanstalt für Minderwertigkeitsgefühle –, so geht man bereichert, wenn auch zugleich erleichtert, fort.

Natürlich hätte ich auf diese Anregung der Steuerbehörde hin das Buch gern gelesen, aber leider wurden mir zugleich die Mittel zu diesem Vorhaben entzogen. Aber der Titel, daß Männer die Blondinen bevorzugen, ist auch schon sehr aufschlußreich. Ich habe den ganzen Weg nach Hause nachgedacht, ob die Männer blonde oder schwarze Frauen bevorzugen, und bin zu dem Resultat gekommen, daß Männer in der Regel immer eine andre (als sie haben) – bevorzugen! Womit die Frage eigentlich erledigt ist.

Wenn es jetzt nach den Gesetzen der Logik weiterginge, müßte ich auf die Männer schimpfen, aber ich denke an etwas ganz andres...

Ich bin einmal mit dem Dichter Peter Altenberg auf dem Semmering gewesen, da blieb Altenberg nachdenklich vor einer herrlichen Villa stehen und sagte: „Das ist eine wirkliche Tragödie. Hier hat einer der reichsten Männer gewohnt, er hat alles gehabt, was ein Mensch sich nur wünschen kann, ein Auto, eine schöne Villa auf dem Semmering, alles, und dieser Mensch hat sich erschossen!"

„Um Gottes willen, Peter, warum?"

„Wegen finanzieller Schwierigkeiten!"

Diese Geschichte ist mir nur eingefallen, weil wir zu Ostern am Semmering waren und weil der Direktor Beer einmal zu mir gesagt hat, als ich in einer Pantomime mit einem Pappendeckelkopf einen Hasen vorzutäuschen suchte, ich sei eine der besten Hasendarstellerinnen der Wiener Bühne, und weil wir wirklich einmal eine Souffleuse gehabt haben, die vierundzwanzig Kinder hatte.

Pallenberg fragte einmal unvorsichtigerweise im Konversationszimmer unsre Souffleuse: „Ist es wahr, daß Sie vierundzwanzig Kinder haben?"

Sie bejahte stolz, öffnete ihre Riesenhandtasche und entnahm ihr einen Pack Kinderbilder. „Wollen Sie sehen?"

Wir Eingeborenen, sonst bei dieser Frage erblassend, blickten schadenfroh.

Es ist nämlich unmöglich, vierundzwanzig Ausrufe zu improvisieren, um ein durstiges Mutterherz zu befriedigen. Reizend! Süß! Entzückend! Goldig! Bezaubernd! Lieb!... Aus... Herzig!... Aus..., endgültig..., die Welt ist ohne jedes Prädikat.

Pallenberg erkannte auch sofort die Gefahr, er schob die Bilder zurück. „Einen Moment", er bedeckte seine Augen und dachte angestrengt nach.

Wir blickten erstaunt und erwartungsvoll.

Dann sagte er: „Geben Sie mir nur den Vierer und den Siebzehner!" Sah die Bilder, dann uns triumphierend an: „Ich habe gewußt, es sind die zwei schönsten", und verschwand, ehe die beglückte Mutter es bestätigen konnte.

Wir blickten – hochachtungsvoll!

Bei Karnickel fällt mir noch ein, ich bin einmal in einem Geschäft gewesen, da kam eine Frau herein und sagte zu der Gemüsefrau: „Denken S' Ihnen, was mir heut passiert ist. Ich schick meinen Mann in den Schrebergartn an Künigl abstechen, ich wart a Stund, i wart zwa Stund, er kommt net, geh i hin, sitzt er dort mit dem Messer in der Hand und sagt, der Küniglhas tut ihm so leid –, habn S' schon so was ghört – dazu war der Mann vier Jahr im Krieg!!"

Was die praktische Vernunft anlangt, so ist sie aber keine rein weibliche Eigenschaft, denn der Mann, der meinen Gasometer reparierte und von mir wissen wollte, ob es vielleicht in Sievering eine nette junge Frau gibt, die ein kleines Anwesen, einen größeren Grund, etwas Vieh, einen Weingarten und ein sicheres Bankkonto hat, er wäre geneigt, eine solche unabhängige, fesche, lebenslustige Frau zu heiraten, war sicher praktisch veranlagt.

Auf meinen Einwand, warum er annähme, daß eine Frau, die glücklich in den Tag hineinlebe, plötzlich ein sorgloses Leben gegen ein immerhin gefährliches Unternehmen wie „heiraten" vertauschen solle, ob er vielleicht so schön sei, schüttelte er mißbilligend den Kopf und sagte: „Aber Frau, Sie verstehn ja überhaupt nix vom Leben – nur so a Frau heirat mich!"

???

„Weil s' der Hafer sticht!"

Also ich finde es furchtbar leicht, einfach hinzuschreiben, was man will, es fragt sich jetzt nur, ob sich jemand findet, der es ohne Hafer liest!

Das ist die Frage. Lästig, wie so viele Fragen!

Es gibt eine, die mich besonders verbittert, aber nicht nur mich, sondern bestimmt jede Frau, an die sie gerichtet wird: „Wie ich höre, sollen Sie einmal so schön gewesen sein?"

Was soll man darauf antworten? Ich sage gewöhnlich etwas spitz:

„Wieso: *höre* ich?" Als ich aber einmal unvorsichtigerweise hinzusetzte: „Soll ich Ihnen vielleicht eine Photographie mitbringen?" bekam ich ein so schlichtes „Ach, bitte, ja" zur Antwort, daß ich mich sofort zu einem Jugendfreund begab und ihn energisch aufforderte, mich genau zu betrachten und mir ehrlich zu sagen, ob man wirklich nichts mehr davon sieht.

Er sah mich lange an und sagte: „Unsinn! Du bist immer noch sehr hübsch, ich verstehe nicht, wie jemand so etwas sagen kann, aber eines begreife ich nicht, worüber regst du dich so auf? Es ist doch keine solche Mühe, eine Photographie mit sich herumzutragen."

Das ist alles, was davon bleibt, wenn man einmal schön gewesen ist; schlechte Witze der guten Freunde.

Schönsein wird überhaupt stark überschätzt. Man hat eigentlich nur Scherereien davon.

Bei mir hat es schon in der Schule angefangen; immer, wenn der Landesschulinspektor in die Schule kam, blieb sein Auge auf mir haften, er zeigte auf mich und sagte: „Ich möchte dieses Mädchen mit den langen Zöpfen prüfen!"

Meine Lehrer erblaßten, es bildete sich mit der Zeit ein stillschweigendes Übereinkommen heraus, daß ich sofort, wenn der Herr Inspektor erschien, unter der Bank zu verschwinden hatte; zu meinem und zum Wohle der Lehrer und der Schule überhaupt.

Das war der Anfang.

Als Backfisch wurde mir dann oft gesagt, daß ich so hübsch sei, was meine Mutter veranlaßte, damit ich nicht stolz werde, zu sagen: „Hübsch! Mein Gott, sie ziert halt die Jugend." Ein Ausspruch, den ich mir gemerkt habe. Wenn mir später jemand, als ich schon eine reife Frau war, noch ein Kompliment machte, sagte ich dann immer recht bescheiden: „Ich bin nicht schön, mich ziert nur die Jugend." Eine Bemerkung, die meine Mutter aus der Fassung brachte, denn sie konnte doch unmöglich sagen: „Mein Gott, sie ziert halt das Alter."

Wehe aber, wenn man als sogenannte „schöne Frau" Interesse an ernsteren allgemeinen Problemen hat oder gar wegen seiner inneren Vorzüge geschätzt werden möchte. Dann führt man ein schreckliches Leben.

Man hört nie etwas andres als: „Die schönen Augen, schöne Haare, schöner Mund, schöne Arme. Hechtgraue Augen! Aschblonde Haare! Ambrafarbige Haut! Entzückend! Bezaubernd!"

Von Gedichten gar nicht zu reden, die dieses Thema in allen Variationen abwandeln. Detailgedichte über Augen, Zähne, Ohren. Saisongedichte: „Mädchen mit dem braunen Sommerleib" usw. Es ist zum Auswachsen.

Meine Schwester, die auch noch das Pech hatte, ganz besonders lange schwarze Wimpern zu hellem Haar zu haben, konnte die ewigen Wimperngespräche nicht mehr ertragen. Eines Tages griff sie zur Schere, schnitt sich die Wimpern ratzekahl ab, einfach aus Notwehr, das arme Ding wäre sonst verblödet.

Es hört natürlich niemand auf das, was eine hübsche Frau sagt, oder interssiert sich dafür, was sie denkt, oder kümmert sich darum, wonach sie sich sehnt. Sie ist schön, das ist genug – fertig! Wie fad es aber für einen besseren Menschen ist, immer nur angestarrt zu werden wie eine fleischfressende Pflanze im Schönbrunner Park, nein, wirklich, bedenkt niemand.

Ich war schon ganz schwermütig und sagte einmal traurig: „Am liebsten möchte ich in ein Kloster gehen."

„Wirklich? Oja, die Tracht würde Sie entzückend kleiden."

Oder ich sagte wütend: „Sagen Sie, sind denn wirklich alle Männer schwachsinnig? Warum reden denn alle dasselbe? Das ist ja zum Wahnsinnigwerden!"

„Wenn Sie so schmollen und die Augen so funkeln, sind Sie am allerschönsten."

„Aber Schönheit ist doch Macht", sagen die Leute.

Was ist das schon für eine Macht? Was macht man mit dieser Macht?

Abgesehen davon, habe ich Frauen gesehen, die nichts weniger als schön waren und sehr viel Macht über ihren Mann gehabt haben. Wieviel Unannehmlichkeiten hätte sich zum Beispiel das Gretchen in „Faust" erspart, wenn sie nicht schön gewesen wäre.

„Schönes Fräulein, darf ich's wagen?"

„Ich bin gar nicht schön, mich ziert nur die Jugend..."

Die Bescheidenheit hat ihr gar nichts genützt, wenn sie sich aber ihrer Macht bewußt gewesen wäre, hätte stolz und sicher sie gesagt:

„Ja, ich bin schön, und Sie dürfen es wagen..."

Es wird mir kein Mensch einreden, daß diese Heirat mit Faust gut ausgegangen wäre.

Mit dem Schmuck, den das Gretchen bekommen hat, hat sie auch nur Schereien gehabt, aber ich darf nicht ungerecht werden – eines ist uns beiden, Gretchen und mir, erspart geblieben: die lästige Frage, die heute sicher ununterbrochen an jede hübsche Frau gestellt wird: „Warum gehen Sie nicht zum Film?"

Was soll man auf so lästige Fragen antworten?

Der Dichter Peter Altenberg, der sehr unglücklich über den völligen Haarmangel seines Hauptes war, wurde einmal in meiner Gegenwart gefragt:

„Peter, was für eine Farbe hatten eigentlich Ihre Haare, als Sie noch welche hatten?"

Altenberg antwortete glatt: „Schmeck's!"

Das hat mir unerhört imponiert, denn dieses schlichte Wort schließt jede unangenehme Debatte sofort, es enthält eine Zurechtweisung und eine Lehre, und schafft Distanz.

Leider muß man schon jemand von Format sein, um dieses Zauberwort unbeanstandet gebrauchen zu dürfen, und Peter Altenberg war eben nicht nur ein wirklicher Dichter, er war auch ein mutiger, aggressiver Weiser. Ich muß leider wohlerzogen antworten, denn mich ziert die Gewöhnlichkeit.

DOKUMENTARISCHER ANHANG

Adolf Loos an Lina in Vevey,
Hotel „Trois Couronnes", 6. Okt. 1904

Liebe Lina

Zu deinem Geburtstag wünsche ich dir soviel Gutes, als es ein Mensch nur wünschen kann.

Möchte dir heute recht viel Gutes sagen und Gott sei Dank, ich kann es auch leichten Herzens, weil es die Wahrheit ist, was ich dir schreibe.

Obwohl ich deine Liebe schon lange verloren habe, hast du dich doch bemüht, mir es nicht zu zeigen. Darunter wirst du wohl am meisten gelitten haben – – Wieviel habe ich dir zu verdanken! Durch dich habe ich jetzt eine eigene Wohnung – ein ewiger Traum meines Lebens – der wohl durch meine moralische Schwäche in Geldsachen nie in Erfüllung gegangen wäre.

Durch dich stehe ich jetzt in finanzieller Beziehung ganz anders da, als vor zwei Jahren – vieles wurde durch deine Kraft die mir half, gut.

Aber ich habe dir auch so vieles in meinen Anschauungen zu verdanken. Was an mir in Bezug auf mein Fach Halbes war, hast du gefestigt, oder zu einem Ganzen gemacht. Erst durch dich habe ich jene Festigkeit in mein System von Styl und Leben hereinbekommen, die notwendig ist, um als Sieger aus diesem Kampfe hervorgehen zu können.

Dein unfehlbarer Geschmack, deine visionäre Sicherheit in der Beurtheilung, haben mich von vielen Zweifeln erlöst und mich und mein Werk erst lebensfähig gemacht.

Das Unbewusste in dir ist die strahlendste Wahrheit – es spürte die Feigheit in mir – mit der ich log aus Angst dich zu verlieren und das wendete dich von mir.

Loos

Peter Altenberg an Lina Loos

Theure Lina,

Ihr Schreiben ist mir eine Seelen-Medizin geworden gegen so manche Ungerechtigkeiten und Feigheiten der Anderen.

Ich werde diesen Brief, was auch sonst Bitteres, Leidvolles, sich ereignen möge, *stets bei mir tragen*, ich bin geehrt und stolz, daß Sie mir nach so manchen tragischen Mißverständnissen ein derartiges Zeugnis aus ganz freier leidenschaftsloser Entschließung senden konnten – – –.

Auf die *Minuten erhöhter lichtvollerer reinerer* Erkenntnis kommt es ausschließlich an in dem zum leidenschaftlichen Irrtum verdammten Menschenherzen, nicht auf die Tage und Monate, da man sich »vor sich selbst versteckt« und die Morphium-Spritze vergänglicher Erlebnisse ansetzt – – –.

Ich bin gestern und heute erst um 7 Uhr Abends erwacht, konnte daher nicht mehr hinausfahren. Ich bin ganz verzweifelt über diese meine direkt unglückselige Abhängigkeit vom Schlafe.

Hoffentlich gelingt es mir morgen, ohne geschlafen zu haben, gleich morgens hinauszufahren – – –.

Mögen Sie Ihrem heiligen Briefe nie ungetreu werden,

Adolf Loos, der Architekt. Gezeichnet von Karl Hollitzer.
(Aus dem Peter Altenberg-Zimmer.)

Peter Altenberg. Schattenfoto.

Lina Loos. Scherenschnitt.

aus irgend einem Grunde! *Ich bitte Sie darum inständigst.* Ihr Schritt, den Sie mit mir gehen konnten, gehört zu den »Mysterien« kommender Entwicklungen. So können nur Menschen schreiten, die befreit sind vom »sich aneinander anhalten«!

Ihre hechtgrauen Augen, die so unweiblich ins Leere starren, sind für mich von belebender Anziehungskraft. In diesem Blicke liegt die *Unabhängigkeit von der Mann-Sklaverei!* Und Ihre Haut von edlem Pergament-Materiale ist wie gewappnet gegen alle Zerstörungen des Zufalls. Man muß Ihre Haut achten und als Kunstwerk lieb haben — — Lina, für mich sind Sie das Opfer der *schamlosen Sexualität des Mannes,* dem nichts *heilig* und *künstlerisch* ist, sondern eine Freß-Gelegenheit! Niemals hatte man Achtung vor diesen aschblonden Haaren, diesen lieblichen Achselhöhlen mit dem unbeschreiblich zarten und beglückenden Dufte, vor dem Schimmer dieser oft verzweifelten und jammernden Augen, vor diesem elfenbeinfarbigen Rücken, der in einer edelsten elfenbeinfarbigen Rundung endete oder seine Krönung fand, vor diesen glatten polierten Beinen. Niemals wußten sie es dem Schicksale in exaltierter Weise zu danken, diesen ambrafarbigen Leib langsam in seine eigene Extase bringen zu dürfen und das heilige Maß ihrer tiefsten Erregung in sich hineintrinken zu dürfen! *Niemals hatten sie Ehrfurcht vor den Extasen der Natur!* Die »männliche Eitelkeit«, der »männliche Wollust-Egoismus« siegten über diese mysteriösen und märchenhaften Welten, und schaffen diese Dichtung »Weib« zu einer Kloake um für ihre überschüssigen Säfte — —. Fluch ihnen!!!

Ihr P. A.

Goethe in Frankfurt

Zur sommerlichen Fremdensaison sind wir ja so manche Ueberraschungen gewöhnt. Gäste aus allen Erdenwinkeln kehren bei uns ein, In- und Ausländer erlesensten Geblüts darunter. Daß aber Frankfurts größter Sohn noch einmal erdenwandelnd zu uns käme, das hat sich wohl niemand träumen lassen. Und doch kommt man in Versuchung es zu glauben, — so treffend in Maske und Figur läßt Dr. Egon Friedell den Geistesheros allabendlich vor uns der Gruft entsteigen. Im vornehm intimen Raum des Casino-Theaters in der Biebergasse ist unter der künstlerischen Leitung Dr. Friedells die Wiener „Fledermaus" eingekehrt. Eine Künstler-Vereinigung, die wirklich Beachtung verdient. Nicht nur Lina Vetters wegen, die anmutsvoll und voll liebenswürdiger Schalkhaftigkeit mit süßem Lächeln und märchenhaft strahlenden Augen, die innig auf dem Hörer ruhen, als Sprecherin fungiert. Ihre Peter-Altenberg-Rezitationen und melodramatischen Darbietungen sind allerliebst. — Geistreich und künstlerisch gestaltet sind die Altenberg-Anekdoten und eignen Vorträge und Improvisationen Dr. Friedells, recht gut der Tenor Wenja Horace und noch besser der Bariton Heinz Lebruns. Wie ihre Solovorträge, so zünden auch die Terzetts und Quartetts, die sämtlich vom Komponisten und Kapellmeister Konrad Scherber vorzüglich am Flügel begleitet werden. Auch das Orchester hat sich vortrefflich eingespielt, und es gewährt einen eigenartigen Genuß, einen Abend inmitten der trefflichen Künstler zu verweilen. Schicken Sie also ihre Freunde in das reizende Theaterchen, nachdem Sie selbst dort heitere Stunden verlebt haben werden.

W. L. K.
„Frankfurter Leben", 21. 6. 1908

Peter Altenberg. Gezeichnet von Max Oppenheimer.

Egon Friedell als Kabarettist. Gezeichnet von Karl Hollitzer.

Die Berliner Chansonette Claire Waldoff,
Star des Linden-Kabaretts.

Der Schriftsteller Hanns Heinz Ewers, Partner von Lina Loos im Kabarett „Fledermaus". Lina Loos 1908 in ihren Tagebuchaufzeichnungen über ihn: „Hanns Heinz Ewers hatte eine Weste an, die ihm von Frauen über und über mit Pfauenfedern bestickt wurde. Ich dachte den ganzen Abend nach, ob ich mehr gegen die Frauen oder mehr gegen H. H. Ewers sein muß. Ich konnte mich nicht entscheiden."

Egon Friedell und „das" deutsche Lustspiel

Ein unbekannter Brief an Lina Loos

Lina Loos, von der die besten Köpfe und Herzen ihrer Zeit sehr viel hielten, war mit dem Berliner und dem Wiener Kunstleben zwischen den beiden Weltkriegen aufs innigste verbunden, kannte alle seine Persönlichkeiten und wirkte in ihm nicht nur als Schauspielerin und Kabarettistin, sondern befruchtete es auch mit ihrem originellen Geist.

Ihre vielen Wiener Freunde mag ein noch unveröffentlichter Brief interessieren, den vor nun siebenunddreißig Jahren Egon Friedell, der geistreiche Alleskönner und Alleswisser, nach Davos an Lina Loos geschrieben hat. Friedell gehörte zu den markantesten Erscheinungen der Wiener Literaturboheme. Er war bei Reinhardt in Berlin und später in Wien gelegentlich als Charakterbonvivant tätig gewesen, hatte mit Alfred Polgar ein Lustspiel „Goethe" und selbständig mehrere andere Bühnenwerke geschrieben, befaßte sich mit dem Jesus-Problem, trat mit fünf Bänden „Kulturgeschichte" hervor, war Philosoph, Essayist, Kritiker, immer aber Ironiker, der, ähnlich wie Bernard Shaw, das unsinnige Treiben des Menschengeschlechtes aus seinem speziellen Augenwinkel betrachtete.

Selbstverständlich kannte Egon Friedell, der alle Menschen kannte, auch Lina Loos. Und er schrieb ihr im zweiten Kriegsjahr 1915 nach der Schweiz den folgenden charakteristischen Brief:

Liebe süße Lina!

Vielen, vielen Dank für Deinen soeben eingetroffenen reizenden Brief. Habe furchtbar gelacht, es ist merkwürdig,

Egon Friedell. Gezeichnet von Le Rüther.

Egon Friedell.
Zeichnungen von
Le Rüther.

Egon Friedell in Shaws „Androkles und der Löwe".
Gezeichnet von Le Rüther.

daß Du in der letzten Zeit – oder war es immer so? – zu Deinen vielen wundervollen Eigenschaften nun auch noch einen so fabelhaften Humor entwickelst.

Gestern traf ich den Dichter Hugo von Hofmannsthal. Er sagte: „Was arbeiten Sie jetzt?" Ich sagte: „Sie meinen wohl, was ich jetzt unter der Feder habe? Nun, ich muß Ihnen offen gestehen, daß man in einer Zeit wie der jetzigen, wo die erhabensten menschlichen Leistungen im Torpedieren von Truppentransportschiffen, Aufreiben von Divisionen und Sprengen von bewohnten Ansiedlungen bestehen, die Lust verliert, die Kultur durch Geschriebenes zu fördern."

Er sagte: „Ja, ja, aber man erwartet eben doch von Ihnen seit Jahren »das« deutsche Lustspiel." Ich sagte: „Das könnte ich nur mit einem einzigen Menschen schreiben."

„Wer ist das?" fragte er und verfärbte sich.

„Das ist weder Salten noch Beer-Hofmann noch Schnitzler, nicht einmal Homunculus (Erwin Weill), sondern Frau Lina Loos."

„Ach, die kleine Frau, die seinerzeit so herzig in der »Fledermaus« vorgetragen hat? Ja, aber Frauen haben nie eigentlich Humor."

„Nun, die eigentlichen Frauen haben keinen Humor. Aber das Stück wird nie zustande kommen – denn leider ist sie »gil« und ich bin »blom«." *(„gil" bedeutete in der damals in Literaturkreisen gebräuchlichen scherzhaften „Schnicksprache" das Gegenteil von agil, also lässig, unbehend, „blom" hingegen hieß bequem, faul, nach Oblomow, einer klassischen Figur der russischen Literatur. Egon Friedell sah ein, daß man aus der Zusammenarbeit eines gilen und eines blomen Dichters „das" deutsche Lustspiel nicht erwarten durfte. Anm. d. V.).*

Ich komme sehr bald und es ist mir schrecklich mies davor, Dich wiederzusehen. *(Dieser Umkehrungssatz bezog sich darauf, daß Friedell mit seinen Freunden – der Kriegszensur wegen – vereinbart hatte, daß gewisse Bemerkungen in seinen Briefen im umgekehrten Sinn zu verstehen seien.)*

Nochmals herzlichen Dank und viele Grüße und Küsse von Deinem Egon.

*

„Das" deutsche Lustspiel, das Hofmannsthal von Friedell erwartete, ist weder damals noch später geschrieben worden. In den Märztagen 1938 wollten Nazirowdies auch Egon Friedell aus seiner Wohnung in der Gentzgasse 7 zum Trottoirwaschen holen. Empört darüber und wohl in dem spontanen Entschluß, sich die persönliche Freiheit durch den Tod zu retten, sprang Friedell aus dem Fenster seines Zimmers im dritten Stock und blieb auf der Straße tot liegen. Er hat die Kultur durch Geschriebenes nie mehr gefördert.   G. K. B.

„Weltpresse", 1952

> Egon,
>
> wenn ich sehe, wie du deinen ganzen, dir
> von Gott verliehenen Verstand dazu benützt,
> Menschen zu achten und zu verachten, nach
> deinem Gutdünken, dann danke ich immer
> heimlich Gott, daß er mich so töricht geschaffen
> hat.
>
> 12. März 1918

Handschriftlicher Brief von Lina Loos an Egon Friedell.

Peter Altenberg. Gezeichnet von Karl Hollitzer.
Aus einem zeitgenössischen Cabaret-Programm.

Erste und einzige Aufführung eines Stückes von Lina Loos
zu ihren Lebzeiten („Mutter"), am Deutschen Volkstheater, zu
dessen Ensemble sie gehörte.

Linas Schauspielerkollegen am Deutschen Volkstheater in Wien:

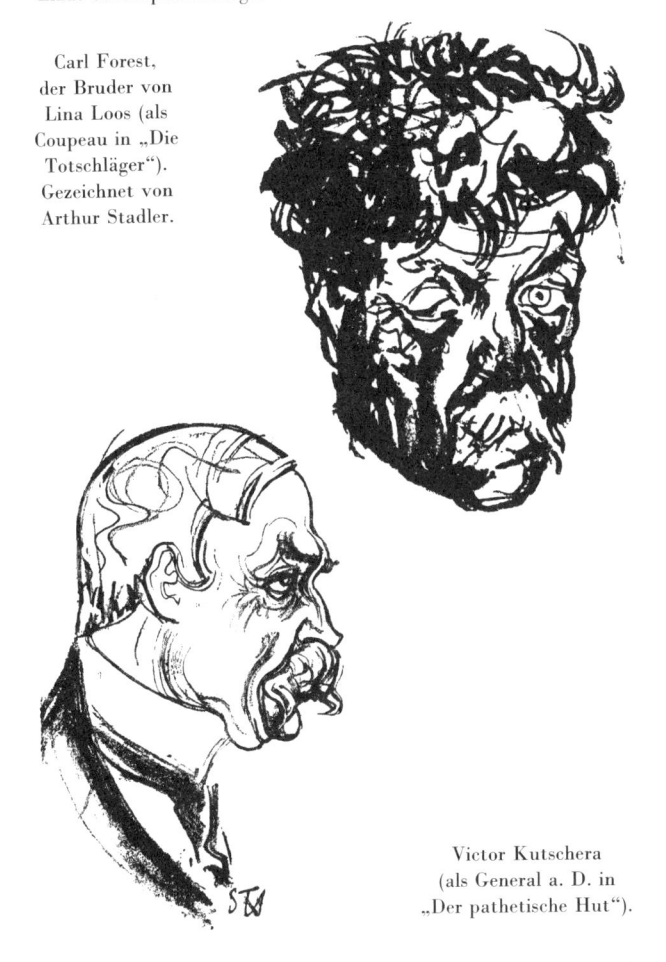

Carl Forest, der Bruder von Lina Loos (als Coupeau in „Die Totschläger"). Gezeichnet von Arthur Stadler.

Victor Kutschera (als General a. D. in „Der pathetische Hut").

275

Ferdinand Bonn
(als Caesar in „Androkles
und der Löwe" und als
Minister in „Der pathetische Hut").
Gezeichnet von
Arthur Stadler.

Auf den Tod einer alten Frau

Dem Gedächtnis der Frau Caroline Obertimpfler, der Mutter der Künstler Lina Loos und Carl Forest:

Auch im Schicksal des Einzelnen — und wäre er der Geringsten und Demütigsten einer gewesen, — verzahnt sich Ewiges, das von Bezug und Bedeutung wird für uns, und wäre es durch keine andere Macht, als durch das sittliche Beispiel einer tiefmenschlichen Unantastbarkeit und des Beharrens in Güte trotz Entbehrung und Leid. Gedacht sei darum hier eines stillen Opfers dieser schreienden Zeit, aus dessen stummen, klagelosen Niederbruch Größeres aufflammt, als aus so vielem scheinbar Großen unserer Tage.

In der Nacht des dritten Dezember verlosch das Leben einer Zweiundsiebzigjährigen, das, in der Mühle der Arbeit seit frühester Jugend, durch ein halbes Jahrhundert Mühe und Liebe für andere gewesen, nichts gefordert hatte für sich. „Quasi elychnion cessante oleo"— wie eine Ampel, der das Oel geschwunden, – – die sanften, dunklen Worte des lateinischen Dichters über das Sterben der Geliebten, sie stimmen auch zu diesem Tod. Er besaß hier keine Macht mehr, wehezutun, weil hier das uns jedem vorgesehene Maß des Leidenmüssens schon übervoll war; so senkte er sich auf sein Opfer wie ein dichter Schleier, daß er es nicht schrecke; ganz leise rührte er an das Herz, hob die hämmernde Unrast aus und über das Antlitz der Greisin zog er den tiefen silbernen Frieden des wahrhaft Gerechten.

Wenn je an einem Grabe das seltene Wort vom wahrhaft reinen Menschen gesprochen werden darf, so an dem dieser Frau. Aus Bauernblut war sie, aus der großen klaren Einfachheit der Erde, die Geschöpf und Dinge ahnungsvoll tiefer begreift als schärfster wühlender Verstand. Und dieses Urgefühl paarte sich mit einer ebenso erdhaften Mütterlichkeit für alles Lebendige, um das sie bemüht war wie der Boden um seine Frucht. Wofür sie Sorge trug, das waren nicht nur ihre Kinder, die die Bestimmung solcher herz-weisen Herkunft zu Künstlern gemacht, – es waren eigentlich alle Menschen, die ihr nahekamen. Sie wußte wohl nichts von Tolstoj aber sein Verantwortlichkeitstrieb für fremdes Schicksal und für fremdes Unrecht war ihr eigen. Unverändert ließ sie der furchtbare Zusammenbruch bürgerlicher Lebensmöglichkeit durch die Kriegsfolgen, der aus einer nach Jahrzehnten voll Plagen ihres behaglichen Lebensabends sicheren Frau eine von Armut und Krankheit belagerte Greisin geschaffen hatte. Frohsinn eines in Glück und Unglück lauter gebliebenen Menschen bewahrte sie vor jeder Verbitterung über ihr Los. Nur Not und Bedrängnis anderer vermochte sie zu verstören.

Als ihr Herr sie rief, ging sie leicht. Ihr Wesen war nicht verhaftet an die Dinge dieser Welt; ihre Augen sehnten sich schon lange nach dem neuen Licht. Zu den Eltern ging sie, zu den Großeltern, zu den Ahnen, zu den Wolkenpflügern und Sternensäern, zu Gott, dem gewaltigen Bauern zu Häupten des Tisches der Ewigkeit. Der nickte ihr freundlich zu, gut und groß wie in ihren Kinderträumen. Und kindlich fromm, ohne Angst, ohne Schmerz, sah ihr irdisches Antlitz aus der toten Hülle ihres Fleisches dem Wege der Seele nach.

Franz Theodor Csokor (1922)

Tod eines populären Wiener Cafétiers

Der frühere Besitzer des Cafés Casa Piccola in der Mariahilferstraße, Karl Obertimpfler, ist dieser Tage im Alter von 83 Jahren gestorben. Mit ihm verliert die Wiener Kaffeesiedergenossenschaft eines ihrer bekanntesten Mitglieder, darüber hinaus aber auch die Stadt Wien eine populäre Persönlichkeit, die wirklich ein Original genannt zu werden verdient. Obertimpfler hat seine Laufbahn als Delikatessenhändler im ersten Bezirk begonnen, wurde dann Geschäftsführer im Café de l'Europe am Stephansplatz und übernahm 1897 das Café Casa Piccola, das vor allem durch die Person seines Besitzers bald sehr beliebt wurde. Obertimpfler war ein Wirt von wahrhaft hinreißender Liebenswürdigkeit, der für das Wohl seiner Gäste väterlich sorgte. Ganz besonders die Damen, die in seinem Lokal verkehrten, hatten es ihm angetan. Er begrüßte jede, ob Hofrätin oder kleine Verkäuferin, mit dem obligaten galanten Handkuß. Fragte man ihn: „Wie geht's?", so blinzelte er vergnügt und

Briefkopf der „Casa Piccola".

erwiderte: „Ich werd' einmal nachseh'n." Er ersann eine ganz besondere Form von Likörgläsern, die er in allen möglichen Farben anfertigen ließ und „Stimmung" nannte. Sein Kaffeehaus führte er so vortrefflich, daß er vor dem Kriege Millionär geworden ist. War er nicht im Kaffeehaus, so ließ er seiner frohen Laune am Stammtisch beim „Weingartl" die Zügel schießen. Er war kein Kostverächter und das Bier hat ihm an manchem Abend so gut geschmeckt, daß er den Heimweg nicht ohne fremde Hilfe zurücklegen konnte. Als echter Wiener vom alten Schlag hatte er natürlich auch seine ständige Tarockpartie. Mit vielen anderen wurde er ein Opfer der Nachkriegszeit. Den größten Teil seines Vermögens hatte er in Kriegsanleihe angelegt, und so konnte er das Kaffeehaus, das er groß gemacht hatte, nicht weiterführen. Im Jahre 1918 verkaufte er es an Frau Lina Schöner, die Besitzerin des Restaurants in der Siebensterngasse. Doch war damit für den regsamen alten Herrn noch kein Feierabend gekommen. Tag für Tag fand er sich um 10 Uhr vormittags im Kaffeehaus ein und sorgte für die Gäste wie zu den Zeiten, da er noch „der Herr" war. Bis zum vorigen Jahre blieb er täglich bis zur Sperrstunde im Lokal. Der Verstorbene hatte drei Kinder; eine Tochter, ein auffallend hübsches Mädchen, ist mit 20 Jahren spurlos aus Wien verschwunden und seither verschollen. Ihr Vater sagte wiederholt, er könne nicht glauben, daß sie noch lebe, da sie ihm sonst geschrieben hätte. Seine zweite Tochter ist das Mitglied des Deutschen Volkstheaters Lina Loos, sein einziger Sohn der bekannte Schauspieler Karl Forest. Ober-

Lina Loos, Franz Theodor Csokor, George Saiko und andere.
Zeichnung von Carry Hauser, aus der „Jugend", 1921.

timpflers Gattin ist vor vier Jahren gestorben. Die Familie Schöner sorgte für seine Verpflegung und sonstigen Bedürfnisse, die Bedienerin, die sich zwei Untermieter hielt, hielt das Zimmer des alten Herrn in Stand. Der trotz aller Schicksalsschläge stets frohgelaunte Mann mußte vor vier Monaten das Sophienspital aufsuchen. Er war bis vor seinem Ende schmerzfrei und bei gutem Appetit und ist ohne Todeskampf aus der Welt gegangen, an der er mit allen Fasern seines lebensfrohen Herzens gehangen hat.

(21. 2. 1927)

Lina Loos an Grete Wiesenthal

28. 2. 1936

Liebe, sehr verehrte, Frau Grete Wiesenthal!

Eigentlich hätten sich Alle gestern Abend anwesenden Frauen (und Männer) sofort in die Donau stürzen müssen...

Nicht weil wir Alle weniger schön, weniger jung, weniger gut tanzen können sondern...

Es tanzte ein junges Mädchen, die war auch jung, schön und konnte tanzen und war doch nur ein Blütenblatt, das der Wind durch die Luft trug.

Aber Sie...

Sie waren wie eine zitternde Blüte am Baum, die vor Leid und Lust bebt.

Sie leuchteten von Innen...

In der Sonne glitzert bald etwas, aber die da leuchten durch das Dunkel, die tragen das Licht in sich.

Alle Menschen können leuchten von Innen – wenn – ja wenn!!!

Verzeihen Sie mir, daß ich nicht in die Donau gegangen bin, aber in der Sonne sitzen ist auch ganz schön.

Es grüßt Sie herzlich ein armer Mond.

Lina Loos

Grete Wiesenthal, gezeichnet von Arthur Stadler (Aus „Masken").

Lina Loos und ihr „Buch ohne Titel"

Lina Loos war die erste Gattin des Architekten Adolf Loos.

Der Mann, der ohne Ornament leben wollte, traf eine Frau, die ohne Ornament lebte.

Diese Begegnung, die sofort in eine Ehe mündete, schildert Lina Loos in dem Kapitel eines Buches, das sie, solcher Ornamentlosigkeit getreu, „Buch ohne Titel" taufte.

„Kurzgeschichten" ist eigentlich nicht das richtige Wort für dieses literarische Panorama einer Frau, das mit dem Schicksal ihrer Familie beginnt und sich zur Chronik einer versunkenen Zeit und ihrer Originale ausweitet, gewürzt mit Liebe, Geist und einem Nestroy verwandten Humor.

In dem Leben dieser Frau vereinten sich innigste Enge und äußerste Weite. Denn sie, die sich nun schon seit Jahrzehnten nicht mehr aus ihrem Wiener Faubourg Sievering fortrührt, stand auf der Bühne bei Conried in New York, im Zaristischen Petersburg, am Berliner Lindenkabarett, wo sie der Star des Ensembles war, und bei den „Elf Scharfrichtern" und der „Fledermaus", den besten Kleinkunstbühnen von München und Wien vor dem ersten Weltkrieg. Später engagierte sie der 1933 durch das Dritte Reich zum Selbstmord getriebene Dr. Rudolf Beer, der 1932 Max Reinhardts Nachfolger am Berliner Deutschen Theater gewesen war.

Von alldem erzählt sie, auch von vielen, die tragisch enden sollten, wie ihr Bruder Carl Forest, der als Schauspieler bei dem deutschen Stanislawski Otto Brahm begann und in der Aera des Anstreichers von Braunau unterging, wie der Kulturhistoriker Egon Friedell, der in dem Wiener März 1938 einen Sprung vom dritten Stock seines Hauses dem Anschluß

Der Dichter Franz Theodor Csokor. Gezeichnet von Le Rüther.

an Hitler-Deutschland vorzog, wie Margarete Koeppke, die sich nach einer kurzen meteorischen Laufbahn das Leben nahm, wie Max Pallenberg, der einem Flugunfall erlag. Sie alle leben wieder auf in ihren meisterlich geschürzten Berichten, und damit der Zauber des Zeitalters vor dem Einbruch der Barbarei.

Sievering. Zeichnung von Le Rüther. Aus der Erstausgabe von
„Das Buch ohne Titel".

Am wienerischesten wirken die Kapitel über Sievering, dieses im Westen des neunzehnten Bezirkes sich in die Landschaft verlierenden uralten Weinbauerndorfes, Rivalen Grinzings, das sich von der Großstadt zwar eingemeinden lassen mußte, es aber geschickt bisher vermied, sich in ihr aufzulösen; so wie es auch die Autorin dieses köstlichen Buches hielt, die um eine halbe Welt reiste und in den Schauspielhäusern zweier Kontinente auftrat, um schließlich in Sievering ihre Heimat zu finden.

Und alle guten Geister dieser Heimat sind ihr beigestanden, als sie dieses Buch schrieb, das zwar „Buch ohne Titel" heißt, jedoch ein Buch voll Herz geworden ist.

F. TH. CSOKOR

(mit feundlicher Genehmigung von Dr. Heinz Rieder)

Lina Loos: Das Buch ohne Titel

Wiener-Verlag 1947

Das Vergnügen, mit einer geistreichen, lebensklaren, erfahrenen und humorvollen Dame zu plaudern, die den Zauber der mündlichen Konversation in das geschriebene und gedruckte Wort hinüberzunehmen versteht, so daß man die scharmante Geste und das von warmer Ironie vergoldete Lächeln hinter den Zeilen der Druckerschwärze sieht, macht die Lektüre dieses Buches, das keinen Titel hat und keinen Titel braucht, ganz besonders und geradezu erlesen schön. Es hat ebensowenig einen Aufbau und eine Komposition, wie etwa eine Vitrine so etwas braucht in der die Reliquien und Erinnerungsstücke eines Menschen- oder Familienlebens aufbewahrt werden, ohne Rücksicht auf Gewicht und Bedeutung, auf bleibenden oder vergänglichen Wert, weil jedes dieser kleinen Stücklein an und für sich durch sein Vorhandensein allein die Tatsache seiner Anwesenheit rechtfertigt, weil jedes für sich Aufbau und Komposition im notwendigen Maße besitzt, weil jedes für sich ein geordnetes und abgeschlossenes Lebensdetail, der geformte Ausdruck einer kleineren oder größeren Weisheit, die gedankliche Spiegelung eines Ereignisses und dessen geistiges Ergebnis ist. So setzt sich aus dem scheinbar ungeordneten Mosaik nicht oder kaum zueinandergehörender Einzelzüge und Einzelteile ein Lebensbild zusammen, schillernd und nachdenklich, liebenswürdig und abgeklärt, voll Spott und Fröhlichkeit, erfüllt vom Gleichmut überlegenen Denkens und echter Herzlichkeit. Dieses Buch dürfte gar keinen Titel haben, denn jeder wäre halb oder falsch, keiner könnte das ausdrücken, was dem vom Hundertsten ins Tausendste immer wieder abschweifenden Pallawatsch zu einer höheren Ordnung, was der überreichen Fülle an gewichtlosen Kleinigkeiten zu Schwergewicht und Nachdruck verhilft. Man muß es sich schon daran genügen lassen, mit einer interessanten, geistreichen, graziösen Dame ein paar Stunden lang zu plaudern, und das ist wahrhaftig nicht wenig.

Edwin Rollett

„Wiener Zeitung", 21. 12. 1948

17.I.1948

Liebe Lina,

mit viel Freude habe ich Das Buch ohne Titel gelesen. Altbekannte, von Dir immer gern gehörte Geschichten habe ich wiedergefunden, einige liebe habe ich vermisst. Aber die holst Du dann hoffentlich in der zweiten Auflage nach. Nicht gekannt habe ich das Landesgericht. Von Franz Theodor hätte ich gerne mehr gelesen, es hätte ja nicht gerade der Beginn der Bekanntschaft sein müssen.

Jedenfalls habe ich viel gelacht und andern, denen ich das Buch lieh, weil es nicht mehr zu kaufen war, haben mitgelacht. Wie ich dazu kam ? Ich hatte aus Schweden einen John Knittel bekommen, bei dem ich gähnen musste, wenn ich nur den Titel las. Ein Schweizer Verlag – ein teures Buch. Ich ging in die Buchhandlung und tauschte ihn gegen Deines.

Mit den besten Grüssen Dein

[Unterschrift]

Faksimile eines Briefes von Bruno Brehm an Lina Loos.

Bruno Brehm (1892–1944) österreichischer Romanschriftsteller, bekannt geworden durch seine Anfang der dreißiger Jahre erschienene Trilogie über den Ersten Weltkrieg, gehörte zum Bekanntenkreis von Lina Loos. Nach 1938 schloß er sich dem Nationalsozialismus an. In ihren Tagebuchaufzeichnungen notiert Lina Loos über Brehm:

Ich kenne einen Mann, der mir gesagt hat: „Es gibt nichts Schöneres auf der Welt, als Krieg", der zum Kasten gegangen ist, seinen Säbel herausgenommen und ihn gestreichelt hat. Wir kennen ihn all, es ist *Bruno Brehm*.

Er wird sich hüten, das offen vor aller Welt zu tun.

Die Feigheit der kriegerischen Männer sollte man ausnützen.

Was ich nicht gesagt habe: Bruno Brehm hat eine Entschuldigung, er ist in der Kadettenschule aufgewachsen – sein Beruf war Krieg.

Wenn jemand sagt: „Ich kenne einen Menschen, der hat schon zehn Menschen umgebracht" und man erschrocken fragt: „Was – und der geht frei herum?" Und zur Antwort bekommt: „Warum denn nicht, er ist ja Scharfrichter", da kann man nur seufzen und sagen:

„Na ja, Geschäft ist Geschäft."

Lina Loos ist am 6. Juni nach schwerer Krankheit gestorben

Sie war die schönste Frau von Wien, eine erfolgreiche Schauspielerin, die Gattin von Österreichs größtem Architekten, die Freundin von berühmten Schriftstellern. Aber auch in ihrem Glanz und Glück als gefeierte, umschwärmte Frau, verlor sie nie ihre innere Einfachheit und Bescheidenheit, ihren tiefen Glauben und ihre Sehnsucht, anderen zu helfen. Sie war immer für jeden da, jeder kannte ihre Hilfsbereitschaft. Aber ihre Sehnsucht, für andere zu leben, blieb dennoch unerfüllt.

„Ich möchte am liebsten für eine große Idee leben und für eine große Idee sterben. Aber... ich habe keine Idee!" hat sie einmal als kleines Mädchen gesagt.

Im späten Alter hat sie diese Idee gefunden. Nach den schrecklichen Jahren der Hitlerzeit, in denen sie durch strengste Abgeschlossenheit ihren Abscheu zum Ausdruck brachte, kam sie mit der fortschrittlichen Frauenbewegung, mit der Friedensbewegung in Berührung. Und so, wie sie vorher jedem einzelnen geholfen hatte, so gab sie jetzt sofort ihre ganze Kraft, ihre ganze Persönlichkeit, um allen zu helfen. Sie war mit unter den ersten, die in Österreich eine fortschrittliche Frauenbewegung schufen, sie wurde die Präsidentin des Bundes Demokratischer Frauen. Sie war eine der ersten, die nach dem furchtbarsten aller Kriege die neue Kriegsgefahr erkannte, und es war eine Selbstverständlichkeit, daß sie als Mitglied des österreichischen Friedensrates an der Spitze der Menschen stand, die gegen einen neuen Krieg kämpften.

„Fünfundsechzig Jahre habe ich nicht gewußt, warum ich lebe, jetzt weiß ich es und jetzt muß ich sterben", hat sie kurz vor ihrem Tode gesagt. Es war ihr Hoffnung und Trost, daß das, was sie so leidenschaftlich ersehnte, von Millionen Menschen auf der ganzen Welt erkämpft werden wird. Wir senden der Friedenskämpferin Lina Loos die letzten Abschiedsgrüße.

„Stimme der Frau", 17. 6. 1950

Lina Loos zum Gedächtnis

F. Th. Csokor an Viktor Matejka

Lieber Viktor Matejka!

Sie wünschen von mir ein paar Worte über Lina Loos, weil ich mit ihr dreißig Jahre befreundet gewesen sei?

Freundschaft bedingt noch lange nicht, daß man einander bis in die letzte Faser kennt. Vielleicht weiß jemand, der sie wenige Stunden sprach, in manchem mehr über sie als ich.

Und so kann ich Ihnen aus diesem klaren und bis ans Ende unbedingt geführten Leben etwas nur erzählen, was jedermann betrifft.

Wir sprachen einmal von der Liebe zwischen Mann und Weib, und sie gestand mir, sie habe sich in ihr nie des Gefühles ganz erwehren können, ein Unrecht an den Vielen, Namenlosen zu begehen, denen man durch solche, auf ein Einzelnes gestellte Liebe etwas entzöge, denn jeder Mensch sei, ihrer Meinung nach, für alle Menschen hier bis in den Tod, der dadurch einen Sinn erhalte.

Wie sie die Menschen davon überzeugen wolle? fragte ich sie.

„Niemals durch Worte", sagte sie; „man muß ein Beispiel geben!"

Ein solches Beispiel aber war ihr ganzes Leben bis zu dem Atemzug, mit dem sie aus ihm schied.

FRANZ THEODOR CSOKOR

Die Tochter August Strindbergs an F. Th. Csokor

Radiogramm vom 19. Juni 1950 aus Stockholm. Csokor, Wien.

Facit aus der Trostlosigkeit nach Linas Tod – stop – Lina war tatsächlich der einzige Mensch, bei dem mir das pompöse Wort vom Ebenbild Gottes immer wieder als allernatürlichstes Eigenschaftswort in den Sinn gekommen ist. Amen.
Deine alte Kerstin

Kerstin Strindberg, Linas und Csokors Freundin.
Gezeichnet von Le Rüther.

Aus einem Brief von Felix Braun, London, an F. Th. Csokor

Mein lieber Franz Theodor!

Vor einer Stunde fand ich in der Presse die durch und durch bestürzende Nachricht, daß Lina Loos, die Liebe, Treue, nicht mehr lebt... Lina Loos bin ich zur größten Dankbarkeit verpflichtet gewesen, doch habe ich's ihr, fürchte ich, nie genug gezeigt. Dieser prachtvolle, ausgesprochene Charakter hatte den vollen Mut zu sich selbst, das Seltenste heutzutage. Manches hat uns ja getrennt, doch vieles und das Wesentlichste, ohne daß wir's einander zu erkennen gegeben, verbunden... Ich habe sie eigentlich versäumt. Das ist's, was uns jeder Tod vorenthält: wie wir doch einander versäumen, jeder jeden, selbst der Liebendste versäumt die Geliebteste. Alles, alles Liebe! Den einzigen Trost, den es hier noch gibt, der aber von dort kommt.   Dein Felix

T. B.   24. 6. 1950.

Alte Ansicht von Sievering.

AZ entdeckt vergessenes Loos-Atelier

Kostbarkeiten in der Sieveringer Straße – Ansatz für ein Loos-Museum?

Kostbarkeiten an der Wand: ein Blick in das Loos-Atelier in Sievering, das nach 70 Jahren noch modern wirkt

AZ-Eigenbericht von Günther Poidinger

Um die Jahrhundertwende führte Adolf Loos, einer der bedeutendsten Architekten Österreichs, seinen „Kampf gegen das Ornament". Heute, in der Zeit der schmucklosen Fassaden, ist er in Wien, seiner künstlerischen Heimatstadt, nahezu vergessen. Ein Wohnhaus, eine Bar und ein Schneideratelier in der Innenstadt sind die bekanntesten Zeugen seines Schaffens. Weithin unbekannt ist aber eine Atelierwohnung in der Sieveringer Straße, die Loos seiner Frau Lina seinerzeit einrichtete. Die AZ hat sie wiederentdeckt.

Loos war als Innenarchitekt nicht weniger richtungsweisend wie als Baukünstler. Die kleine Wohnung im vierten Stockwerk des Hauses Sieveringer Straße 107 beweist es. Lina Loos, damals eine der bekanntesten Wiener Schauspielerinnen, war die erste Frau des Architekten. Kurz nach der Hochzeit beschloß Loos, seiner Frau nach eigenen Plänen ein Atelier in Sievering einzurichten.

Einfach, billig – stilvoll

Es sollte ein Experiment sein. Loos wollte sehen, wie mit ganz wenig Geld und einfachsten Möbelstücken eine Wohnung stilvoll eingerichtet werden könnte. Selbst die kleinsten Hocker und einfachsten Bücherbretter ließ er nach seinen Plänen verfertigen. Im eigentlichen Atelierraum, dessen Fenster auf einen Balkon hinausgeht, nimmt ein Bücherregal eine ganze Wand ein: Gewöhnliche Hartholzbretter, über drei senkrechte Bretter gelegt und mit schwarzem Eisenlack gefärbt. Ebenso die Stockerl, der Schreibtisch und ein Sekretär. Dazu kaufte Loos zwei Strohlehnensessel, wie er sie gern hatte.

Im zweiten Zimmer, dem Schlafzimmer, wieder die ähnlich einfachen Möbel. Ein großes Bett, ein Weichholzschrank, eine Toilettenwand, alles in Weiß, dazwischen ein Eisbärenfell und ein Glaskrug mit Silberbeschlägen, eine ungewöhnlich anmutige Bodenvase, Silberflakons, Lampen und ein Spiegel. Alles hat der Architekt in stundenlanger Arbeit entworfen. Die Ausführung der Möbel hat er ständig überwacht. Alle Möbel sind glatt, ohne jegliche Verzierung, einfach und sicher billig gewesen. Jedes einzelne Stück könnte in einer modernen Wohnung stehen. Die ganze kleine Wohnung hat – obwohl sie jetzt fast 70 Jahre alt ist und an ihrer Einrichtung nichts Wesentliches verändert wurde – kaum etwas von einem Museum an sich. Aber wäre sie nicht gerade deshalb geeignet, zum Ansatz für ein künftiges Loos-Museum zu werden?

Was auf die Zeit ihrer Entstehung hinweist, das sind die Bilder, die Briefe und die Bücher. Lina Loos war mit fast allen damaligen Geistesgrößen befreundet oder zumindest gut bekannt. Die ganze Wand über dem Bücherregal ist voll von handsignierten Bildern der Freunde, und auf den Brettern stehen Bücher, um die sich jeder Bücherliebhaber reißen würde: Altenberg-Erstausgaben mit handschriftlichen Widmungen.

Und in den Regalen und Laden des Schreibtisches liegen an die 800 Briefe, die Lina Loos erhalten hat, Briefe, die noch nie veröffentlicht wurden. Lina Loos starb 1950. Ihre beste Freundin war die Graphikerin Leopoldine „Le" Rüther. Jetzt lebt Leopoldine Rüther in der kleinen Sieveringer Wohnung inmitten all der kleinen Kostbarkeiten. Sie wird bald ein Buch über die Briefe Lina Loos' herausgeben: „Herz auf der Feder". Ihr hat die Frau des Architekten die Wohnung vererbt und die Briefe vermacht.

Leopoldine Rüther hatte in Grinzing eine eigene Wohnung. Als sie begann, die Briefe zu ordnen, war sie wochenlang in dem kleinen Sieveringer Atelier. So bekam sie für Grinzing die Kündigung. Es hieß, sie wohne kaum noch in ihrer Wohnung und habe ja ohnehin die Atelierwohnung in Sievering. Nun hat aber Leopoldine Rüther für das Atelier keine Wohngenehmigung. Der Besitzer des Hauses sagt, das Atelier sei eben keine Wohnung, und er gäbe ihr keine Genehmigung. Die Nachlaßverwalterin von Lina Loos ist also tatsächlich ohne Wohnung. Sie kann heute oder morgen schon auf der Straße sitzen. Und sie ist jeden Tag im Ungewissen, ob sie nicht einmal die Atelierwohnung, in der sie ihre beste Freundin verlor, in der sie seit Jahren für das Vermächtnis ihrer Freundin arbeitet, verlassen muß.

„Arbeiter-Zeitung", 3. 10. 1963

VERLAG BÖHLAU · WIEN · KÖLN · GRAZ

CLAIRE LOOS
Adolf Loos privat

Herausgegeben von Adolf Opel

Eine der wichtigsten Quellen für Leben und Werk von Adolf Loos, des großen österreichischen Architekten, Schriftstellers und Lebensreformers, dessen Gedankengut uns heute bestürzend aktuell erscheint, ist mit diesem Reprint wieder greifbar: Claire Beck-Loos hat die letzten Schaffensjahre Loos' – in denen einige seiner Hauptwerke entstanden sind – in unmittelbarer Nähe miterlebt und weiß sie in ihrem Erinnerungsbuch plastisch zu schildern.

„Lebendige Erinnerung an den radikalen Menschen Loos" – begrüßt Ernst Krenek in seiner Rezension die Erstausgabe dieses „Document humain", das heute zu einer bibliophilen Rarität zählt und zu einem Kultbuch für Loos-Anhänger geworden ist.

Die Autorin Claire Loos war von 1929 bis 1932 mit Adolf Loos verheiratet. Sie war auch als Fotografin tätig, wir verdanken ihr einige der schönsten Portraitstudien von Loos. 1941 wurde sie aus rassischen Gründen in Theresienstadt inhaftiert und von dort bald darauf nach Riga deportiert, von wo sie nicht mehr zurückgekehrt ist.

Format:	17,3 × 12,5 cm
Umfang:	I–XVI, 162 Seiten, 1 Frontispiz, 78 Seiten dokumentarischer Anhang, 26 SW-Abb. auf 16 Tafeln
Einband:	Pappband/Lederband mit Schuber

ISBN 3-205-07286-3

A-1014 Wien, Dr. Karl Lueger-Ring 12, Tel. (0222) 63 87 35 -0*
D-5000 Köln 60, Niehler Straße 272–274, Tel. (0221) 76 53 68/76 73 31